I0119960

NOTIONS

CLAIRES ET PRÉCISES

SUR

L'ANCIENNE NOBLESSE DE FRANCE

4889 — Imprimerie GUIRAUDET et JOUAUST, rue Saint-Honoré, 338.

NOTIONS

CLAIRES ET PRÉCISES

SUR

L'ANCIENNE NOBLESSE DE FRANCE

OU

RÉFUTATION DES PRÉTENDUS MÉMOIRES

DE LA MARQUISE DE CREQUY

SUIVIES

D'UNE LETTRE A L'ACADÉMIE FRANÇAISE SUR L'ABUS DES
NOMS HISTORIQUES; DE QUELQUES RÉFLEXIONS
SUR CE QUI SE PASSE ; ET D'UNE LETTRE
A MADAME LA DUCHESSE DECAZES

Par le Comte DE SOYECOURT

➤◆◆◆◆◄

Paris

CHEZ J. BRÉAUTÉ

PASSAGE CHOISEUL

Et chez les principaux Libraires

1855

Comme un noir torrent, le Mensonge
Nous inonde de tout côté,
Et l'on voit, hélas ! comme un songe,
S'enfuir la triste Vérité.
De cette belle fugitive
L'écho redit la voix plaintive,
Et nous qui déplorons son sort,
Essayons un rhythme sonore,
Pour au moins quelque temps encore
Retarder sa fuite et sa mort.

Oui, quelque soit notre faiblesse,
Quel que soit le cœur endurci
Qui, sourd au cri de la détresse,
En devient le lâche ennemi ;
Sa ruse la plus infernale
Ne saurait devenir égale
Aux efforts que nous tenterons
Pour élever sur ces rivages
Un phare qui dise aux naufrages :
Espérez encor, nous veillons !

. . . .
. . . .
. . . .
. . . .

Ode inédite sur la Vérité,
par le Comte DE SOYECOURT.

Cette critique, dont la publication a été retardée par différentes causes, n'aurait certes pas vu le jour si l'ouvrage qu'elle a pour objet était une de ces productions éphémères qui ne brillent qu'un instant et que l'à-propos seul peut soutenir. Les prétendus Mémoires de la Marquise de Crequy conservent une place dans la librairie européenne : ils ont eu l'honneur de plusieurs éditions. C'est presque enfin une autorité que les auteurs consultent et que le temps sanctionne. Il y a donc toujours utilité d'en réfuter les erreurs ; il reste donc toujours convenable de faire de cette critique un cadre avantageux de notions spéciales qui, manquant aux mieux intentionnés, les exposent à devenir les propagateurs du mensonge et les complices de la malveillance la plus injuste.

Les gens faibles, a-t-on dit, sont les troupes légères des méchants, et cette observation paraît n'avoir plus besoin de preuves ; mais elle en recevrait de nouvelles par tous les caquetages des salons où ces prétendus Mémoires ont pénétré, et où ils jetèrent si souvent l'impatience et l'aigreur, la division et la dispute.

Les prétendus Mémoires de la Marquise de Crequy étant, comme il faut l'avouer, la plus remarquable expression d'un système qu'il importe à l'ordre social d'anéantir, j'ai compté sur l'évidence de ses erreurs pour en tarir la malfaisante source.

La rectification de ces erreurs, les vérités que j'essaierai de mettre à leur place, tout concourra, autant qu'il est en moi, à rétablir sous un plus juste aspect ce grand monde d'autrefois si cavalièrement parodié. On échapperait alors au dangereux prestige d'un vain cliquetis de mots, et l'on ne prendrait plus pour du savoir ce qui n'est que l'aplomb d'une audace sans péril ou d'une trop insolente confiance dans la vulgarité du lecteur :

Ah ! vous n'entendez pas le latin !

Ce travail, entrepris dans un but d'utilité et d'amusement, provoquait des questions graves que je me suis hâté d'en élaguer et que je mentionnerai seulement pour mémoire.

Ainsi je ne demanderai pas pourquoi un nom pris faussement pour mieux vendre un livre,

Pourquoi un nom pris faussement pour mieux assurer une calomnie,

Pourquoi un nom pris faussement pour compromettre ce nom jusque là honoré et respectable,

Ne constituerait pas un de ces délits que la loi reprouve, et un faux absolument de la même famille que ceux qu'elle atteint chaque jour.

Je la laisserai, cette loi, dans son inconcevable sommeil, dans son inconcevable indifférence pour les vieux noms qui ont été la gloire du pays, et, abordant mon sujet d'une façon moins austère, je me confierai dans les piquantes inspirations de juges sans échafauds et sans licteurs, mais assez puissants sur cette littérature déloyale pour en être le préservatif, et jusqu'à un certain point la punition.

O critique consciencieuse et badine, sévère et compatissante, qui vous occupez moins du coupable qu'il faut punir que de l'innocent qu'il faut protéger, venez à mon aide !

Sapez jusqu'en leurs fondements ces ouvrages où l'histoire est travestie, les grands noms outragés et plus d'un faquin rendu illustre !

Et puisque entre tous les autres il en est un qui se distingue par des falsifications plus nombreuses, des artifices plus adroits et des résultats plus inquiétants, signalez-en le danger et la fraude, et protestez même contre ce prétendu mérite de couleur locale qui séduit l'irréflexion, mais qui ne retrace pas plus le grand monde d'autrefois que le latin de Sganarelle ne ressemblait à Tacite et à Cicéron.

La grandeur ne fut jamais cette bouffissure; le naturel, cette trivialité; le sentiment, cette affectation niaise.

Ces histoires refaites, ces exagérations sans limites, ces noms hors de leur sphère, trahissent le fâcheux terroir qui les a vus naître et où cent fois plus d'esprit ne pourrait encore suppléer à ce qui manque.

Une fièvre vaniteuse, une monomanie nobiliaire, ne suffisent pas pour apprécier cette dignité tranquille, ce droit que personne ne contestait, et qui au besoin se serait appuyé sur tant de force! Cette pensée de la reine Christine :

« Les honneurs sont comme les odeurs, ceux qui les por-
« tent ne les sentent point, »

n'aurait jamais pu naître parmi des personnages si infatués de leur rang et si continuellement empressés à démontrer l'infériorité de celui des autres.

Cette vanité sans repos, ce qui-vive de bas lieu, cette insolence sans pitié, n'étaient connus que chez la pecque provinciale ou chez le nobliau savonné de la veille. Il n'y avait que M. Jourdain pour y croire et une comtesse d'Escarbagnas pour les trouver admirables.

Puisqu'au début de notre critique, trois des types charmants de notre vieux Molière se sont déjà présentés sous ma plume, qui empêche d'espérer que leurs plus joyeux confrères se présenteront aussi pour égayer notre route?

Ne l'ai-je pas entrevu ce brillant marquis de Mascarille qui assiégeait une lune tout entière et qui commandait un régiment de cavalerie sur les galères de Malte?

Et cet intelligent Sbrigani qui reconnaît un gentilhomme à la manière de couper son pain?

Et cet adroit Covielle qui séduisait si bien un riche marchand en lui parlant de son père, honnête gentilhomme?

Mais surtout cette spirituelle Frosine qui aurait marié le grand Turc avec la république de Venise, et qui comptait pour fortune toutes les dépenses que l'on ne faisait pas?

Lorsque dans une histoire stérile nous verrons s'élever des incidents si ingénieux qu'il en résulte une sorte d'illustration, ne reconnaîtrons-nous pas ces *douze mille livres de rente* fondés sur des calculs qui étonnèrent tellement Harpagon, que, tout Harpagon qu'il était, il fut quelque temps à comprendre que tous ces calculs n'aboutissaient qu'à zéro.

Ainsi un emploi non possédé, un mariage non conclu, se trouveront, par les motifs qui les empêchèrent, produire un reflet beaucoup plus favorable que la réalité de l'un ou de l'autre.

L'histoire tient note des emplois et des mariages;

mais sur les interprétations officieuses, quel silence favorable et quelle latitude immense !

Cette conformité de génie dans les ressources m'aurait fait affubler de ce doux nom de Frosine le pseudonyme transparent dont je ne veux toutefois pas lever le masque, et que la nécessité de mon récit m'oblige à désigner sans cesse.

Un nom plus illustre [et une identité plus parfaite m'échappaient alors. Mais sitôt que Scapin et mon auteur m'apparurent dans leurs mordantes railleries, dégagés des mêmes scrupules, spéculant sur les mêmes faiblesses et se réjouissant des mêmes angoisses ;

Lorsque je les vis assaisonner une imposture de ces mille petits détails qui lui donnent un si grand air de vérité,

Je n'eus plus qu'un éloge pour ces deux talents et je n'eus plus qu'un nom pour ces deux jumeaux en industrie.

La ressemblance s'achève encore par un dernier trait qui n'a échappé à personne.

Qui ne se rappelle le premier Scapin, se faisant porter en moribond près de ses victimes furieuses qu'il parvient ainsi à attendrir ?

Et qui n'a remarqué le Scapin moderne dans cette maison de santé où il pouvait défier le ressentiment le plus juste et émouvoir la susceptibilité la plus irascible ?

C'était à y renoncer que de découvrir dans notre civilisation sans croyances un asile plus inviolable que le palais de nos rois et plus sacré que l'autel des anciens dieux.

La maison de santé résume cependant tout cela.

Son registre complaisant ayant inscrit au choix comme *apoplectique* ou comme poitrinaire, il n'y a plus de vengeance qui ne s'arrête à la porte.

Le magistrat lui-même, qu'un austère devoir fait passer outre, s'accompagne de compassion et d'égards que les espiègles d'un certain genre savent utiliser à merveille.

Aussi, lorsque notre dernier Scapin se fut assuré de ce port contre l'orage, il ne craignit aucunement de l'amasser sur sa tête. Il procéda avec la plus parfaite tranquillité d'âme à l'exploitation de cette grande manie de notre époque, et, reconstruisant selon ses prédilections et ses rancunes l'édifice social d'autrefois, il donna la flatterie à ceux qui s'étaient assuré ses bonnes grâces, et il réserva le dénigrement et la honte pour ceux qui niaient sa suzeraineté, et poussaient quelquefois les torts jusqu'à fuir absolument son contact.

C'est dans une telle galerie de portraits, dont aucun n'est ressemblant, dont presque aucun n'est à sa place, que nous nous déciderons à pénétrer pour y jeter, s'il est possible, un peu d'ordre et un peu de lumière.

De tous ces personnages que nous voudrions purifier de tant d'exagération dans le bien ou dans le mal, le premier qui commande notre attention est cette infortunée marquise de Créquy, patronne bien involontaire de ses soi-disant mémoires.

Si nous enlevons des oripeaux à son orgueil, nous allégerons d'une triste responsabilité sa conscience.

Il y aura là, ce nous semble, une suffisante compensation.

A ceux qu'elle ne satisfera pas toujours nous dirons, dans la suite, que la cause ou l'individu pour lesquels la vérité est un malheur n'en peuvent faire un droit de plainte ni un titre bien puissant à l'indulgence lorsque, heureux du mensonge qui les louait, ils ont contemplé d'un œil si sec le mensonge qui en affligeait tant d'autres.

La marquise de Crequy est, comme chacun le sait, un personnage historique ; les auteurs contemporains prononcent deux ou trois fois son nom ; elle a de plus la célébrité d'un très grand âge ; mais elle est surchargée de tant d'ornements dans ses prétendus mémoires, elle occupe une position si exceptionnelle et si peu exacte, qu'elle en devient une fiction et un personnage absolument fabuleux.

Le beau nom de Crequy prêtait sans doute à une exagération raisonnable, mais il fallait des limites, et ne pas abuser à ce point d'un tel cadre, pour donner au monde une régente et un arbitre dont il n'a jamais connu ni sollicité les arrêts.

Plusieurs autres personnages de cette époque convenaient mieux à cette fiction. L'excuse de Scapin sera de les avoir ignorés, et, ce qui n'est pas rare, ayant été employé chez cette vieille dame, de n'avoir rien conçu de plus élevé et de plus important qu'elle.

Sans insister sur ce personnage, que nous appelle-

rons de convention, posons-en toutefois la réalité, parceque de cette réalité sortiront plusieurs détails utiles
sur un sujet trop souvent embrouillé, et que je désire-
rais rendre plus clair, plus positif, et surtout plus im-
partial.

Marie-Charlotte-Victoire de Froulay était issue de la branche des comtes de Froulay, cadette de celle de Tessé, qui avait pris ce nom par mariage avec l'héritière.

La branche de Tessé fut illustrée par un maréchal de France, et c'est en vertu de cette illustration que la généalogie de Froulay fut insérée dans l'histoire des grands officiers de la couronne, où sa filiation commence à l'an 1451.

Or, comme la marquise de Crequy, dans ses prétendus mémoires, fait remonter cette filiation à l'an 1095, il y a déjà là occasion de remarquer une des plus habituelles ruses de Scapin, contre laquelle il faut se prémunir, si l'on ne veut pas s'exposer à l'erreur et en devenir dupe soi-même.

L'histoire des grands officiers de la couronne est

sans contredit le plus imposant de tous les répertoires nobiliaires. La *marquise de Crequy* savait très bien qu'elle ne pouvait, sans se faire tort, essayer d'en diminuer l'autorité ; aussi prend-elle le parti de le louer à outrance pour faire croire qu'elle le consulte, et puis, après l'avoir déclaré la seule version incontestable, l'avoir appelé la loi et les prophètes, elle dit, pour nuire ou flagorner, le contraire de ce qui s'y trouve, et elle le fait sans beaucoup de risques : car, cet ouvrage étant très rare, très volumineux et très cher, il y a très peu de gens du monde qui le possèdent et qui aillent remuer neuf volumes in-folio pour voir si le fait qui leur est indifférent ou qui les amuse est de la plus exacte vérité.

Notre demoiselle de Froulay épousa le marquis de Crequy, appelé seulement alors marquis de Hemont, et devenu ensuite marquis de Crequy par la mort de son cousin-germain, chef de sa branche, étant tous deux de la branche de Crequy-Hemont, cadette de celle de Bernieulles, cadette elle-même de la branche aînée des sires de Crequy, dont elle était séparée depuis plusieurs siècles.

La jonction de ces deux branches fut établie dans le XVIIe siècle par le généalogiste d'Hozier, dont elle commença la réputation

Le premier Crequy de la branche de Hemont *reçut du roi Charles IX la jouissance d'une maison dans la ville d'Amiens, en considération de ses services.*

Son fils fut capitaine dans le régiment de Rambures, et achèta la terre de Souverain-Moulin.

Le petit-fils de ce dernier fut le mari de la marquise aux prétendus mémoires, et, sans manquer aux égards que le grand nom de Crequy commande, on voit déjà très bien tout ce qu'il y a de distance encore entre la position médiocre de cette branche de Hemont et les descriptions pompeuses, les contes des Mille et une nuits dont Scapin va bientôt et si souvent nous assourdir.

Je laisserai un instant cette branche très cadette de Crequy, pour m'occuper de la branche aînée, dite des grands Crequy, où se trouvera une consistance de magnificence et de grandeur un peu plus réelle pour motiver l'emphase et l'exagération dont Scapin fait un si fréquent usage.

Ces grands Crequy s'éteignirent dans les mâles au milieu du XVIe siècle, et leur dernière héritière, Marie de Crequy, épousa, en 1543, Gilbert de Blanchefort, chevalier de l'ordre du roi, et d'une maison très ancienne et très illustre dans le Limousin.

Le fils de cette alliance fut substitué aux nom et armes de Crequy ; il épousa la fille et héritière de François de Bonne, duc de Lesdiguières, pair et connétable de France, et de Claudine de Berenger, sœur de Louis de Berenger, seigneur du Guä, célèbre colonel des gardes françaises sous le roi Henri III.

De ce mariage sont descendus les ducs de Crequy et de Lesdiguières, princes de Poix (1), comtes de Saulx

_____

(1) La maison de Poix en Picardie s'éteignit dans la maison de Soissons ; l'héritière de la maison de Soissons entra

et sires de Canaples, pairs et maréchaux de France, qui jetèrent un grand éclat dans l'histoire, et qui s'éteignirent les uns en 1703, et les derniers en 1711.

A l'extinction totale de ces deux grands rameaux de la maison de Créquy, nous sommes ramenés tout naturellement à la branche de Crequy-Hemont, restée désormais la seule pour continuer un des plus beaux noms des temps modernes, et l'on éprouve quelque étonnement à ne lui voir recueillir aucun des débris d'un si puissant héritage.

Ainsi, après nous avoir représenté cette marquise aux mémoires comme si superbement posée, l'avoir entendue écraser tout le monde de son importance, régentant la cour et la ville, et ne parlant que de ses relations royales et princières, on fait encore mieux remarquer son impuissance pour obtenir à son mari et à son fils l'un des deux duchés ou aucune autre terre de leur maison, et puis enfin ce cordon bleu, objet des ambitions les plus hautes, et dont Messieurs de Crequy père, fils et petit-fils, se virent absolument privés.

S'il n'y a certes rien à en conclure contre cette branche de Crequy, il est permis de voir dans cette marquise une bavarde passablement hâbleuse; et Scapin lui-même a si bien senti cette contradiction, qu'il cherche à y remédier par son merveilleux moyen, et il fait dire à la marquise que le marquis de Crequy *ne se sou-*

dans la maison de Crequy. A l'extinction de cette dernière maison, la terre et la principauté de Poix fut *vendue* à la maison de Noailles.

ciait pas d'être duc. Aussi, dès ce moment, voici l'absence du duché qui élève le marquis plus que le duché lui-même, et il n'y a que le cordon bleu dont il ne s'occupe pas, en gardant la recette, comme on le verra bientôt, pour une occasion plus urgente.

Si l'on trouve que je me suis trop minutieusement appesanti sur un personnage de convention déja par moi admis comme tel, je répondrai que ce personnage a trop de réalité, qu'il est trop près de nous et qu'il professe trop sentencieusement toutes les questions nobiliaires, pour ne pas le faire rentrer quelquefois dans le positif, dont pour lui et pour les autres il veut si souvent sortir.

Du reste, ce qu'il faudrait au moins attendre de Scapin, c'est qu'à défaut d'exactitude, il fût conséquent avec son erreur, et que sa création restât complète, complète dans ses prétentions et complète dans son orgueil.

Et pourquoi alors, dans un but que lui seul connaît, faire descendre cette marquise au langage si fier des hauteurs de sa domination, des manies de ses préséances, pour faire l'aveu le plus humble et le plus inexact sur l'infériorité du nom de Crequy à l'égard du nom de La Tremouille?

Ce trait d'ignorance et d'humilité intempestive ne peut contenir qu'une flagornerie contemporaine à laquelle il fallait une si énorme dimension, que la pauvre marquise en a été victime comme l'eût été une marquise du deuxième ou troisième ordre.

Mais cette ignorance volontaire n'en reste pas moins utile à démontrer, et le nom de La Tremouille, qui commence seulement sa filiation lorsque le nom de Crequy avait déjà trois siècles d'illustration et d'ancienneté, ne peut accepter la supériorité sur un nom qui, au contraire, la possède sur lui à plusieurs titres.

La maison de La Tremouille (1) ne peut faire remonter sa filiation au delà de 1206, et elle n'a vraiment de régularité qu'en 1315. C'est en 1370 seulement que cette maison prit rang parmi les premières du royaume, à cause d'un favori du duc de Bourgogne qui était chambellan du roi et qui devint porte-oriflamme de France.

Depuis cette époque, on trouve dans la maison de La Tremouille, en hauts emplois et en alliances brillantes, tout ce qui peut illustrer une race, et il y en a peu sous ce rapport qui lui soient égales; mais, lorsque l'on veut absolument établir des nuances, il faut le faire avec justesse, et ne pas donner un démenti à ce vieux passé où si peu de noms peuvent atteindre, et qui couvre d'un si épais brouillard tant de noms depuis devenus illustres.

Scapin ne s'arrête pas là dans sa voie de libéralité envers la maison de La Tremouille, et il lui confère de

(1) Le fameux mémoire ou libelle contre les ducs et pairs, présenté au régent en 1720, faisait descendre la maison de La Tremouille d'un anobli, les La Rochefoucault d'un boucher, les Clermont-Tonnerre d'un domestique, les d'Uzès d'un apothicaire, et les d'Harcourt du bâtard d'un évêque. Jamais la haute noblesse n'avait reçu un coup de boutoir pareil. Mais ceux qui le donnaient ne réfléchissaient pas que la méchanceté en était trop apparente, et que l'absurdité suffirait pour en faire justice.

sa façon et de son plein vouloir *le droit le plus légitime sur le trône de Naples.* Or, c'est encore là une de ces paroles tranchées dont, avec quelques détails, il est utile de motiver la critique.

L'ombre du plus petit droit sur un trône est une si belle chose; elle se fonde ordinairement sur des faits qu'il est si agréable de rappeler, qu'on ne peut pas s'étonner de l'insistance de ceux qui le possèdent et qui cherchent à le faire connaître bien plus qu'à le faire valoir.

Un si charmant hochet ne doit jamais tomber en oubli, et c'est à peu près le but que l'on pourra supposer à la maison de La Tremouille dans ses protestations au sujet du trône de Naples. Scapin en décide autrement, et il provoque une attention qui, pour notre part, a produit le résumé que l'on va lire.

Le royaume de Naples est un fief dont les papes ont toujours prétendu la suzeraineté. Cette suzeraineté fut toujours reconnue, car jusqu'au dernier siècle la fameuse haquenée blanche et les six mille ducats étaient payés à Rome le jour de Saint-Pierre, et s'effectuaient comme la redevance d'un vassal envers son seigneur suzerain.

Le royaume de Naples, conquis dans le XIe siècle sur les Sarrasins par une bande de gentilshommes normands, est un des plus beaux faits d'armes de la vieille chevalerie; c'est lui qui inspira si bien Voltaire dans sa belle tragédie de *Tancrède.*

De Tancrède de Hauteville, l'un des principaux chefs de cette expédition, descendit une suite de souverains, dont la dernière héritière épousa un empereur de la maison de Souabe. De là plusieurs rois de cette maison, dont le dernier fut cet infortuné Conradin, dépossédé par les papes Urbain IV et Clément IV, qui, selon leur droit, donnèrent l'investiture du royaume de Naples à Charles d'Anjou, frère du roi saint Louis, lequel appuya cette investiture du succès de ses armes ; et, par la bataille de Bénévent, il resta possesseur tranquille de ce royaume.

Ses descendants régnèrent pendant deux siècles, et, durant cet intervalle, recueillirent encore les royaumes de Pologne et de Hongrie par mariage avec les héritières.

Jeanne II, reine de Naples, dernière de sa maison, flotta long-temps dans le choix d'un successeur. Elle s'arrêta enfin à Réné d'Anjou, comte de Provence et chef d'une troisième maison d'Anjou formée par un fils du roi Jean. Ce prince possédait déjà des droits sur ce royaume de Naples que l'adoption allait lui rendre. Il était de plus roi d'Aragon par sa mère, et duc de Lorraine par sa femme.

Mais, de tous ces droits si bien établis et si hautement reconnus, Réné n'en put faire triompher aucun. Il vit son royaume d'Aragon usurpé par son oncle Martin ; il perdit son duché de Lorraine au combat de Bullenéville, et le royaume de Naples, usurpé par Alphonse de Castille, ne donna lieu qu'à des entreprises malheureuses, après lesquelles, résigné à tant de revers, il retourna vivre paisiblement dans son comté de Provence, où il mourut en 1480, laissant le plus aimable et le plus paternel souvenir.

Alphonse, prince de Castille, et déjà roi d'Aragon par succession de l'usurpateur Martin, oncle de René, ne fut pas moins heureux dans son usurpation du trône de Naples, qu'il conserva depuis 1442 jusqu'en 1458.

N'ayant point d'enfants légitimes, il laissa le royaume d'Aragon à son frère, et le royaume de Naples (1) à Ferdinand, son fils bâtard.

Ferdinand eut deux fils. Le second régna après son frère et son neveu, et fut ce Frédéric sur lequel Louis XII conquit le royaume de Naples en 1501, et qui, reconnaissant les droits de la France sur ce pays, donna son entière renonciation, et accepta, comme dédommagement, l'usufruit du duché d'Anjou, où il mourut en 1504.

Sa fille aînée, dite princesse de Tarente, avait été mariée au comte de Laval en 1500.

La fille unique de ce mariage, dite aussi princesse de Tarente, du chef de sa mère, épousa en 1520 Fran-

---

(1) La Sicile, portion importante du royaume de Naples, en fut séparée depuis le règne de Charles d'Anjou, et revendiquée ou usurpée par des princes de la maison d'Aragon, qui entre les deux pays maintinrent une guerre interminable. Les détails de cette guerre sont si horribles qu'on ne peut les lire qu'avec dégoût. Plusieurs grands noms s'y montrent de loin en loin. Le fait le plus important est le massacre des vêpres siciliennes, comme le fait le plus curieux est ce combat des deux souverains, accompagnés de chacun cent chevaliers, qui devait terminer la guerre, et qui n'eut pas lieu parceque le prince d'Aragon, qui en était le provocateur, ne se trouva pas au rendez-vous.

çois de La Tremouille, chevalier de l'ordre du roi, dont les descendants, en vertu de cette alliance, ont élevé des prétentions sur le trône de Naples, prétentions que j'ai été choqué d'entendre appeler *le droit le plus légitime*.

Et en effet, *après une usurpation*,

Après une courte possession de soixante ans (de 1442 à 1501),

Après une transmission en ligne bâtarde,

Après enfin une renonciation suivie de deux transmissions par les femmes, appeler *droit le plus légitime* une prétention tardive, sans sujet et sans but, c'est abuser des mots, et c'est s'interdire de pouvoir à jamais qualifier des droits bien autrement imposants, dont je puis indiquer cinq, parceque le monde se les rappelle assez pour n'avoir pas besoin de les désigner davantage.

La maison de La Tremouille, toujours en grand crédit à la cour de France, a néanmoins tiré un assez bon parti de ces alliances, et elles lui firent obtenir, en 1631, le rang de prince étranger, auquel était attribué de magnifiques honneurs, qu'elle ne partageait qu'avec les trois maisons de Lorraine, de Bouillon et de Rohan.

Ces honneurs ne concernaient pas le rang de la pairie au parlement, car le duc de Bouillon n'était que le dixième pair, et le duc de Rohan le vingt-sixième.

Depuis que la noblesse n'a plus de contrôle, c'est une prodigieuse curiosité que ce que chacun invente, imprime et raconte sur l'origine et l'ancienneté des familles. Remonter aux croisades n'est plus qu'un jeu, et le règne de saint Louis une ancienneté ordinaire. Des certificats appuient au besoin ces étranges prétentions, et un savant généalogiste admirait dernièrement combien ces pièces, dites anciennes, s'arrangent avec les amours-propres présents, et combien elles mentionnnent de noms dont si peu ont consenti à s'éteindre.

Dans cette bagarre de découvertes et de prétentions inopinément justifiées, les noms inconnus jouissent du plus immense avantage. L'histoire ne leur oppose que son silence, tandis que la célébrité, comme un fanal qui porte au loin sa lumière, fixe d'avance une foule de détails qui limitent et tempèrent l'orgueil, et qui sont trop avérés pour qu'aucune manœuvre puisse ensuite y porter atteinte.

La science héraldique est donc aujourd'hui un métier facile, où la complaisance joue un bien plus grand rôle que l'érudition. Et notez que tous ces modernes Chérins vantent l'incorruptibilité de leur patron, mais à peu près comme Scapin vante l'ouvrage du père Anselme, sous la condition tacite de n'en être gêné en rien, et de ne dire absolument que ce qui lui plaît.

Cependant la science est quelque part; mais elle ne veut pas s'abaisser à ce qui pourrait seul la faire réussir. Aussi végète-t-elle sans encouragement et sans approbateur. J'ai sous la main un ouvrage dont les légères erreurs et quelques omissions ne détruisent pas le mérite; il a le cachet d'impartialité, aussi loin de la malignité que de la complaisance, et cet ouvrage est à peine connu.

Il confirme plusieurs de mes renseignements sur le nombre des maisons de l'ancienne noblesse de France, et je sais qu'en l'élevant à cent pour celles qui prouvent une filiation non interrompue jusqu'au moins l'an 1400, on risque plutôt d'être indulgent que de se montrer trop sévère.

Et le nombre de ces maisons diminuerait encore si, s'arrêtant aux prétentions, et non aux preuves, on donnait ainsi une commune origine à celles que leurs preuves rendent distinctes, et de plusieurs maisons on n'en ferait alors qu'une seule. Les quatre premières maisons de l'ancienne chevalerie de Lorraine ne prétendaient-elles pas descendre de ces premiers ducs ? et Montesquiou, Montlezun et d'Esclignac, ne se disent-ils pas issus des ducs de Gascogne ? etc., etc., etc.

Cela s'appelait autrefois la *fable* des familles ; non cette fable que les intrigants fabriquent, mais cette fable que le temps a consacrée, qu'il rend vraisemblable, et dont on peut dire : *Si fabula, nobilis illa est*, parcequ'elle ne peut naître que sur un noble terroir, parcequ'elle renferme des incidents qui, à défaut du fond, sont encore des titres glorieux.

Les cent maisons qui offrent la certitude d'une origine chevaleresque composent une première classe qui peut être suivie de deux cents maisons environ n'ayant que la présomption de cette ancienneté et de cette origine. Leur filiation présente des lacunes ou n'atteint pas la date positivement exigée ; mais leur filiation s'élève au moins à l'an 1500, avec désignations nobiliaires et sans aucune trace de roture. Une plus grande distance, un plus grand vide, pourrait rarement s'expliquer, et il n'y aurait guère que la complaisance pour le remplir.

Arrivant maintenant à la classe des anoblis, où le mérite était si souvent réel et parfois immense, je remarquerai néanmoins que, reposant sur des points exacts et des dates trop réelles pour donner lieu à aucune dissertation , elle sort ainsi d'un sujet où la réfutation est mesurée sur l'empiétement.

Parmi ces trois cents maisons qui composent, comme on vient de le voir, ce qu'on peut appeler l'ancienne noblesse de France, il existe une foule de nuances d'ancienneté et d'illustration qui pourrait en faire ressortir plusieurs catégories, et, en ne parlant que de celles qui ont figuré aux croisades, on n'en trouverait que dix ou douze pouvant être placées sur la même ligne.

Que deviendraient alors ces prétentions qui s'acceptent dans nos assemblées et qui figurent dans nos meilleurs livres modernes ?

Cette rage d'écrire sur des sujets où l'on croyait avoir tout dit est donc devenue un des besoins les plus impérieux de l'époque ; mais, en voyant ainsi oublier que les anciens auteurs suffisent largement à notre instruction, on devine le motif de cet oubli, et, pour ceux qui aiment le vrai, ces anciens auteurs les attachent toujours davantage.

Les nobiliaires des provinces mentionnent absolument tout ce qui est de notoriété publique.

Les actes de l'état civil avant 1790 établissent le titre que l'on était en droit de porter.

L'admission dans les chapitres donne le degré d'ancienneté où l'on pouvait prétendre.

Une foule d'ouvrages soumis à un examen contra-
dictoire enregistraient tout ce que ces actes légaux
garantissent et approuvent.

Les preuves de cour, à la différene des chapitres (1),
n'exigeaient que le côté paternel; mais ce côté paternel
devait produire une filiation non interrompue jusqu'au
moins l'an 1400.

Cette exigence de preuves pour être présenté au roi
et monter dans ses carrosses était d'une institution moderne (1750 à 1760), et ne fut pas imaginée pour réduire la cour, où tout ce qui figurait fut conservé, mais
pour opposer une digue au torrent des masses provin-
ciales qui chaque année encombraient Versailles, et
menaçaient de devenir plus nombreuses.

Aussi, lorsque le fameux règlement fut une fois
lancé, il en résulta une commotion si rétrograde,
qu'elle dépassa toutes les espérances, et que l'on n'eut
plus qu'à s'étonner et à gémir du petit nombre d'an-

(1) Madame la princesse de Condé éprouva, dit-on, quelques difficultés pour son admission à Remiremont, dont elle
fut ensuite la dernière abbesse. Le chapitre lui opposait son
quartier des Médicis qui, souverains de Florence, ne pouvaient néanmoins prouver une extraction chevaleresque avant
l'an 1400. Si cette chicane n'est pas vraie, elle est du moins
très vraisemblable : car le chapitre aurait trouvé un grand ra-
goût à l'infliger à un nom royal. Le chapitre en eût été deux
fois plus fier, et ses dignes chanoinesses deux fois plus heu-
reuses.

ciennes maisons que possédait encore le royaume de France (1).

Les preuves qu'il fallait faire devant l'inflexible Chérin détruisirent bien des illusions et rendirent bien des âmes à la modestie. On regagna tristement le manoir paternel ou la cité provinciale. Mais lorsque cette première émotion fut un peu calmée, la vengeance commença à paraître douce, et il en résulta une immensité de traits malins sur la bassesse des courtisans et sur la corruption des cours.

Quant au gentilhomme assez robuste pour sortir victorieux d'une telle épreuve, il en ressentit toujours le prestige, et il continua d'en apprécier l'importance. Aussi, pour alimenter cette magnificence d'un moment, il ne recula devant aucun sacrifice, et, une fois ce fleuron attaché à sa couronne, il ne craignit plus de voir contester son ancienneté et un rang qui en était la respectable et très juste conséquence.

La présentation de cour attestait donc l'origine et l'ancienneté d'une famille ; mais cette présentation et des emplois très distingués même ne constituaient pas ce qu'on appelait illustration nobiliaire, qu'une grande charge de la couronne pouvait seule donner.

L'histoire de ces grandes charges, et la généalogie de ceux qui les possédèrent, furent le but de l'ouvrage du père Anselme, dans lequel se trouve, par consé-

(1) Ce nombre a encore été considérablement réduit par la révolution de 92. De telles catastrophes équivalent à plusieurs siècles dans leur marche décroissante et destructive.

quent, ce que la France a produit de plus illustre, et ce qu'en un tel sujet la lecture a de plus curieux (1).

Or, cet ouvrage est devenu si rare, qu'il serait pres-

(1) La science héraldique, comme plusieurs de celles qu'une apparence monotone et restreinte n'en peut pas moins rendre la clef de toutes les autres sciences, devient elle-même la première cause 'd'une vaste instruction, aussi variée dans ses recherches qu'agréable dans ses résultats. Cette science imprévue, qui [surgit sans qu'on y pense et que la mémoire conserve sans fatigue, nul ne peut mieux que l'amateur de curiosités la connaître et la définir. Amateur de tout ce qui est beau, il poursuit les genres les plus opposés, et s'environne des objets les plus surpris de se trouver ensemble. Il a des médailles, sans être numismate, des livres, sans être bibliomane, des armes, sans guerroyer, et des tabatières, sans prendre une prise de tabac. La porcelaine de Sèvres présente son émail brillant à côté de l'élégance du vase étrusque, et une délicieuse gouache de Blarenberghe repose à côté d'une châsse byzantine. Le casque et l'éventail, un tableau de Watteau et une statue d'Albert Durer, un plat de Palizzi et une bergère de Boucher; des autographes, des manuscrits et miniatures gothiques; des calligraphies de Jarry; l'argenterie de Germain, les ciselures de Besches; le meuble, le coffre aux bronzes de Gouttières, aux plaques de vernis Martin, aux incrustations de Riesner et de Boule; un petit peuple de Saxe, de bronzes italiens, de bronzes dorés, de bronzes laqués, soutenant pendules et candélabres, vases ou lanternes ornées d'oiseaux et de feuillages; les vieilles étoffes et les vieux vitraux; les bois sculptés et les ivoires; les boîtes en émail, en burgos, en piqué ou en pierres fines; des coupes en cristal de roche ou en lapis aux ornements de Cellini; ses bracelets, ses colliers et ses bagues; les belles perles d'Orient; le rubis, ce phénix de tous les corindons; l'émeraude au

que superflu d'en conseiller l'acquisition à céux qui n'ont pas cinq cents francs à mettre à un livre, un an à consacrer à sa recherche, et un rayon formidable préparé pour le soutenir.

Quelle époque cependant pouvait le rendre plus utile?

Ces questions, qui devaient être cent fois mortes, se sont réveillées plus vivaces : l'inconséquence avec notre dernier passé sert de véhicule plutôt que d'obstacle; les questions nobiliaires, remises sans cesse sur le tapis, non seulement chez ceux qui sont nobles, ou chez ceux qui se croient nobles, ou chez ceux qui veulent devenir nobles, mais encore dans toute espèce d'écrits, et dans toute espèce de réunions, et dans toute espèce de classes.

Alors, pourquoi ne pas s'appuyer sur des données exactes plutôt que sur des données absurdes? Pourquoi ne pas propager des traditions intéressantes plutôt qu'être complice de tant d'impostures salariées?

Pourquoi enfin, dans cette actualité étrange, mais incontestable, ne point profiter d'une telle disposition

vert imbibé de soleil péruvien, le saphir au bleu velouté, l'opale aux lames de cinq couleurs, le brillant jonquille, le camée antique, de la renaissance ou de Pichler : tout cela classé avec goût, avec discernement, ne devient-il pas le résumé de toutes les sciences, et une science elle-même indéfinissable de grâce, si le commentaire et la note veulent s'élever au dessus de la désignation marchande, et de l'article du catalogue, si enfin on est aussi prompt à s'instruire qu'à dépenser un argent trop souvent revendiqué par un emploi plus conforme et une sagesse un peu moins prodigue?

pour réimprimer le seul ouvrage, du plus immense mérite, capable d'éclairer en un sujet où chacun veut être
capable de dire son mot ?

Cette réimpression d'un ouvrage qui n'a contre lui
que ses neuf volumes in-folio et sa cherté deviendrait,
par un prix plus abordable et un format plus commode,
l'une des entreprises les plus honorables de notre librairie, que tant d'autres entreprises mal réfléchies viennent
compromettre chaque jour.

Le préliminaire obligé de cette réimpression serait
une société d'honnêtes gens pour la surveiller et empêcher, comme en tant d'autres circonstances, l'intro-
duction de la contrebande ; puis ils pourraient lui donner pour suite la généalogie de ces maisons qui, n'ayant
pas le droit d'y être insérées lors de sa publication,
l'ont acquis depuis, et s'y font véritablement remarquer
par leur absence. De plusieurs de ces noms, en ne citant pour exemple que celui de Beauvau, il suffira amplement pour la justesse de cette observation.

L'illustration nobiliaire de la maison de Beauvau (1)
a été très tardive. Son premier officier de la couronne
(un maréchal de France) est du règne de Louis XV,
son premier cordon bleu du règne de Louis XV, et
enfin son titre de prince d'empire (2) de ce même règne de Louis XV encore.

La *fable* de la maison de Beauvau, fable vraisem-

(1) La maison de Beauvau fait remonter sa filiation à l'an
1060 ; mais MM. de Sainte-Marthe ne la commencent qu'en
l'an 1265, ce qui est encore une assez belle ancienneté.

(2) Le titre de prince d'empire, qui, dans un monde sé-

blable et respectable, est sa descendance de la première maison d'Anjou ; ce qui a été pour Scapin le motif des plus jolies petites flagorneries sur les Plantagenets, etc.

Comme Scapin ne brode pas toujours un fond aussi solide, je suis loin de lui en faire un reproche, et je voudrais que ce désir de plaire à de tels noms ne l'eût jamais entraîné à de plus grands excès.

La plupart de ces excès, au reste, ont fait école et sont devenus communs à tous les arrangeurs de nos jours. Le caprice d'un romancier ou l'amitié d'un chef de bureau classent des noms dans une région élevée, tandis que leurs seules preuves les eussent retenus dans une région fort inférieure.

Le silence gardé sur des noms véritablement illustres pourrait, d'une autre part, être une compensation contre l'accroissement du nombre ; mais, la camaraderie étant encore plus ardente que l'injustice, le chiffre des grandes maisons en devient très effrayant pour l'avenir.

condaire, donne une importance si exceptionnelle, et qui, porté par un gentilhomme français, était un peu plaisanté par les grands seigneurs d'autrefois ; ce titre de prince d'empire était absolument honorifique, et, sauf quelques honneurs de cours, ne donnait ni le droit de siéger à la diète, ni aucun des attributs de la souveraineté qui appartiennent aux princes souverains d'empire, composant le grand corps germanique. Des cinq gentilshommes français qui portaient ce titre, un seul était duc et pair : c'était le maréchal prince et duc de Belle-Isle, pair de France. Bauffremont, Broglie et Montbarey, ne l'étaient point, non plus que Beauvau. Broglie avait été créé duc, *non pair*, en 1742.

Quant aux grands noms délaissés, ils ne seraient pas véritablement grands s'ils en ressentaient quelque dommage. On peut donc, sans risque, les abandonner à leurs propres forces, et garder alors la compassion pour les réunions où ils manquent.

Un tableau de l'ancienneté relative de plusieurs nobles maisons de France m'a paru un utile complément à toutes ces réflexions. J'ai pris la date de leur filiation sans lacune dans l'Histoire.des grands officiers de la couronne, où leur généalogie figure en raison des hauts emplois qu'ils ont possédés.

.Ces dates seront la critique la plus convenable de tout ce qu'il y a de puéril et d'absurde dans cette foule de prétentions dont les plus médiocres familles font aujourd'hui étalage.

TABLEAU *de douze maisons d'ancienne chevalerie jalonnant les cinq siècles antérieurs à l'an* 1400 , *qui sont la plus haute ancienneté où les preuves historiques puissent atteindre.*

1. La maison royale de France date sa filiation de l'an 840.
2. La maison de Montmorency de   .   998.
3. La maison de La Rochefoucauld de   1019.
4. La maison de Choiseul de   1084.
5. La maison de Rohan de   1120.
6. La maison de Soyecourt de   1162. .
7. La maison de Levis de   1175.
8. La maison de La Tremouille de   1205.

· 9. La maison de Croy de   1287.
10. La maison de Durfort de   1306.
11. La maison de Chastellux de   1340.
12. La maison de Chabannes de   1395.

(Ici finissent les temps dits chevaleresques.)

Après quelques notes sur chacune de ces maisons, je donnerai un égal tableau des maisons seulement *présumées* anciennes.

. 1. La maison royale de France est la première du royaume, comme elle est la première parmi les maisons souveraines de l'Europe. Les uns la font descendre de Witikind, les autres de Hugues l'Abbé, fils naturel de Charlemagne, etc. C'est un passé si ancien et si glorieux, qu'il peut admettre beaucoup de suppositions et de commentaires.

2. 3. 4. 5. 8. Les maisons de Montmorency, de La Rochefoucauld, de Choiseul, de Rohan et de La Tremouille, ne produisent pas le nom des femmes à leurs premiers degrés. La maison de La Rochefoucauld ne mentionne régulièrement ses alliances qu'à partir de 1284, et La Tremouille qu'en 1315.

6. Les diverses origines données à la maison de Soyecourt offrent plus ou moins de vraisemblance. Un dernier ouvrage s'appuie sur des chartes pour la faire descendre d'une branche cadette des comtes de Vermandois. Cette branche cadette, qui s'était rendue

célèbre dans le XIe siècle, en prit le surnom de *Siger* ou *Soyer*, c'est-à-dire *vainqueur*, d'où serait venu le nom de *Soyecourt*.

7. Dans la guerre contre les Albigeois, qui étaient des hérétiques du Languedoc, la maison de Levis, s'étant distinguée, reçut pour récompense la terre de Mirepoix et le titre de maréchal héréditaire de la foi.

9. La maison de Croy est dite descendre d'André roi de Hongrie, dont elle porte les armes.

10. La maison de Durfort avait pour branche aînée celle des ducs de Duras, aujourd'hui éteinte dans les mâles. Des deux filles du dernier duc, l'aînée a été mariée 1° au prince de Talmont, 2° au comte de La Roche-jaquelein ; la seconde a épousé le comte de Chastellux, devenu duc de Rozan par ce mariage.

11. Le nom de la maison de Chastellux est Beauvoir, où entra l'héritière de Chastellux, dont les descendants ont pris le nom.

12. La maison de Chabannes avait deux branches illustrées : celle des comtes de Dammartin et celle du maréchal de La Palice, qui sont depuis long-temps éteintes. Elles s'étaient alliées à deux filles naturelles de la maison de France.

TABLEAU *de plusieurs maisons* présumées *seulement de l'ancienne chevalerie de France, et jalonnant le XVe siècle, en deçà duquel il n'y a plus de présomptions admissibles.*

1. La maison des Hayes ou d'Epinay-Saint-Luc commence sa filiation vers l'an.   1400.
2. Celle de Voyer d'Argenson de même en   1400.
3. La maison Beaupoil de Sainte-Aulaire en   1410.
4. La maison d'Esparbès de Lussan d'Aubeterre en   1436.
5. La maison Caulaincourt en   1443.
6. La maison de Balbe de Berton de Crillon en   1452.
7. La maison de Cossé-Brissac en   1499.

Toutes ces maisons sont assez distinguées pour faire voir de quelle importance était cette seconde classe de la noblesse, et les présomptions équivalant presqu'à la certitude pour l'ancienneté de leur race.

J'ai dit que ces présomptions ne pouvaient exister que d'après une filiation sans lacune depuis au moins l'an 1500; mais si cette règle est juste dans ses applications générales, il sera raisonnable de lui donner quelques exceptions, et c'est ce dont on pourra juger par des exemples que je produirai moi-même à la suite des notes que les noms cités plus haut réclament.

1. La maison Voyer d'Argenson commence sa filiation à Philippe Voyer, seigneur de Paulmy, écuyer, vivant en 1399. Ses descendants prirent le nom d'Argenson, par mariage avec Jeanne Gueffaut, dame d'Argenson, en l'an 1600.

Le duc de Saint-Simon, dans ses prétendus mémoires, jette quelques doutes sur cette ancienneté et sur cette origine ; mais l'authenticité des mémoires du duc de Saint-Simon est trop loin de m'être démontrée pour que je ne les regarde pas comme infiniment suspects. J'en vais déduire les raisons.

Le duc de Saint-Simon est mort en 1755.

La première édition de ses mémoires, sans éditeur connu, est de 1788, c'est-à-dire au moment où déborde ce torrent d'écrits qui, en déchirant le roi et la noblesse, préparent les succès de la révolution.

Les mémoires de Saint-Simon déploient un dénigrement trop systématique contre le plus beau règne de la monarchie française ; ils avilissent trop le grand roi et tout ce qu'il a aimé et protégé ; en un mot, ils mentent trop à l'histoire, pour que, réuni à l'époque où ils paraissent, le but n'en soit pas clair comme le jour.

Le caractère connu du duc de Saint-Simon prêta à la vraisemblance. On connaissait aussi sa rancune héréditaire contre Louis XIV et sa cour : de là le choix qu'on fit du personnage pour appuyer les méchancetés qu'on désirait publier.

Ces mémoires renferment des anecdotes impossibles et plusieurs locutions vulgaires que tout le mérite du style ne rachète pas.

Le premier éditeur ne se fit pas connaître ; et de quel droit le premier venu irait-il fouiller dans nos bibliothèques pour y prendre et faire imprimer le manuscrit dangereux qu'une autorité prudente y a souvent déposé ?

Ces mémoires ont eu de nouvelles éditions et de nouveaux éditeurs; mais ils ont eu aussi des augmentations et des changements, et c'est ce qui décèle à merveille la spéculation et le prétexte.

Ceux qui se sont arrogé ce droit n'en avaient absolument aucun.

Le duc de Saint-Simon, mort en 1755, a laissé deux fils, dont l'un est mort sans enfans, et dont l'autre fut père d'une fille héritière de sa maison, qui porta *son duché et sa grandesse* au comte de Valentinois, frère du prince de Monaco, dont il n'est pas, je crois, resté de descendants.

Ainsi nul descendant et nul parent au degré successible.

Et puisque les droits d'hérédité n'existent pas, quels sont donc ceux que l'on pourrait faire valoir?

2. La maison Beaupoil de Sainte-Aulaire prit ce dernier nom par acquisition de ce fief en 1440.

3. La maison d'Esparbès de Lussan d'Aubeterre est fort anciennement connue, mais la filiation, c'est-à-dire les preuves, ne commencent qu'en 1436.

Cette maison a produit deux maréchaux de France. Le premier épousa en 1595 Hippolyte Bouchard, vicomtesse d'Aubetèrre, dont les descendants prirent le nom.

4. La maison de Crillo est originaire d'Italie, et y fait sans doute remonter ses preuves beaucoup plus

haut. Louis Balbis Berton Crillon, marquis de Crillon en France, et duc de Crillon à Avignon par faveur papale en 1764.

5. La maison de Cossé-Brissac, une des plus illustrées du royaume, commence sa filiation à Thibaut, seigneur de Cossé, écuyer en 1499.

L'histoire des grands officiers de la couronne mentionne encore un autre Thibaut de Cossé, écuyer en 1386, mais sans descendance ni jonction.

Cette sobriété de détails au commencement de la généalogie de Cossé est suivie de l'insertion des lettres royales qui érigent la terre de Brissac en duché-pairie, et l'on y voit la mention de plusieurs anciens seigneurs de Cossé, dont l'un, Roland de Cossé, suivit le roi saint Louis aux croisades.

Or, pourquoi la généalogie qui se trouve dans le même ouvrage, et quelques lignes plus bas, ne dit-elle pas un mot de ces anciens seigneurs de Cossé que les lettres royales admettent?

Est-ce qu'il y aurait une facilité indulgente chez ces dernières que le scrupule du généalogiste repousse? C'est ce qui paraîtra vraisemblable jusqu'à de plus amples informations.

Roland de Cossé figure, dit-on, dans la salle des croisades au musée de Versailles, et c'était presqu'un droit, puisque ce personnage était admis dans un écrit royal. Il serait à souhaiter pour tous ceux qui se trouvent dans cette salle qu'un tel antécédent appuyât au moins leur admission.

La date où commence la généalogie de Cossé (1499)
m'a fait faire la remarque qu'une date moins ancienne
ne rendrait plus admissibles ni explicables les prétentions d'une extraction chevaleresque. J'ai parlé aussi
des exceptions à cette règle et de celles que je pourrais
produire; je citerai pour premier exemple la branche
d'Hautefort-Vaudre, qui est celle du comte Gustave
d'Hautefort, ancien lieutenant des gardes du corps du
roi Charles X. Cette branche ne fait preuve que depuis 1541, sans jonction avec les marquis d'Hautefort;
mais les marquis d'Hautefort ne l'ont jamais désavouée.
Elle porte les armes pleines sans trace de roture ni de
bâtardise (1) : il en résulte donc pour elle les présomp-

(1) Le préjugé contre les bâtards n'était pas dans les anciens temps ce qu'il est devenu depuis. Le sang noble paraissait alors si précieux que le bâtard d'un gentilhomme jouissait
des priviléges de la noblesse. Quant aux bâtards des princes,
ils prenaient rang avec les plus qualifiés du royaume et souvent même formaient une lignée de princes, comme Dunois,
par exemple, qui touchaient de bien près les princes du sang.
Quant aux bâtards de rois, ils sont devenus eux-mêmes rois
et souverains, etc., etc.

Le bâtard *d'un évêque* de la maison de Bourbon a été la souche des marquis de Bourbon-Busset, alliés aux premières maisons du royaume.

Un bâtard de la maison de Béarn laisse une héritière qui
entre dans la maison de Galard, que l'on sait fort ancienne,
et qui n'en quitte pas moins son nom pour y substituer celui
de Béarn, quoique transmis en ligne bâtarde.

Un bâtard du chancelier Olivier est devenu cardinal; un

tions d'une plus haute ancienneté et d'une origine commune avec les marquis d'Hautefort (1).

Mon second exemple sera une maison réputée fort
ancienne dans le Périgord, celle de Viel-Castel, et dont
l'abbé de Lépine n'a pu, il y a environ vingt ans, élever
les preuves au delà de l'an 1560. Des traditions favo-
rables sont pourtant ici quelque chose. Il faut d'ailleurs
que MM. de Viel-Castel aient ajouté de nouvelles preuves à celles qu'ils possédaient et que l'abbé de Lépine a
connues, puisque MM. de Viel-Castel ont fait admettre
leur nom dans la salle des croisades au musée de Versailles. L'excessive rareté des noms vivants qui ont
aujourd'hui droit à cette admission rend nécessaire et
très curieuse la connaissance des titres de ceux qui re-
vendiquent ce droit. Un motif plus grave s'y joint encore :
beaucoup de titres ont été mis en question, déclarés
douteux et souvent pis. MM. de Viel-Castel n'ont pas
échappé à cette revue sévère. Un savant généalogiste a
fait circuler sur eux l'article qu'on va lire :

« Etienne et Pierre de Salviac. M. Michaud les
« nomme Etienne et Pierre de Salviac de Viel-Castel.
« On ne trouve dans aucun historien des croisades, ni

bâtard du chancelier du Bosc a été la souche des marquis de
Radepont, etc.

(1) Les marquis d'Hautefort figurent dans l'histoire des
grands officiers de la couronne comme branche de la maison
de Gontaut; mais, comme marquis d'Hautefort, ils n'ont pas
possédé de charge qui leur donne ce droit.

« dans aucune chronique postérieure, non seulement
« aucun fait qui confirme la touchante biographie de
« ces deux frères jumeaux, *ni même aucune trace de*
« *leur nom.*

« M. Michaud a dérogé à sa prudence habituelle et
« à sa parfaite sagacité en admettant pour cette men-
« tion le témoignage *plus que douteux* d'une épitaphe
« du 16ᵉ ou du 17ᵉ siècle. »

Or, pour que notre noblesse ne devienne pas la fable
de l'Europe, il importe que de pareilles questions soient
entièrement éclaircies. Si cela est facile, comme on doit
le supposer, pour MM. de Viel-Castel, je les engage à
le faire dans l'intérêt général autant que dans leur intérêt particulier. Le sujet en vaut la peine, et l'article
qui en redouble la nécessité part d'une source qui n'est
en rien méprisable (1).

(1) MM. de Viel-Castel ont le titre de baron depuis 1750.
A ceux qui trouveraient cette date récente, je dirai que presque tous les titres qui circulent aujourd'hui dans nos salons
(quand ces titres sont vrais) ont pour date le 18ᵉ siècle, qui
en a été, du reste, passablement prodigue. Une occasion naî-
tra bientôt de parler plus amplement sur ce sujet.

La locution, le nombre d'ordre que je viens d'employer
(18ᵉ siècle), me fera consigner ici une des plus étranges ba-
lourdises de Scapin, qui ordinairement ne pèche guère par
ignorance de sa langue et de la valeur des mots. A la page
270 du tome II, il parle d'un maréchal de Chastellux *au* 14ᵉ
siècle, ce qui indiquerait de 1300 à 1400, tandis que ce maréchal, créé en 1418 et révoqué en 1421, est par conséquent
du 15ᵉ siècle, et non du 14ᵉ.

Nous retournerons maintenant à Scapin, dont la sève inépuisable d'erreurs provoque des vérités qui devraient être inutiles à dire, et qui deviennent très urgentes par tout ce que Scapin entasse, afin de les neutraliser et de les rendre méconnaissables.

J'ai dit comment ce rusé compère, pénétrant le côté faible du monde, l'exploite en tout ce qui touche à la noblesse. Il jette la confusion dans le présent et ne se réjouit pas moins des embarras qu'il prépare à l'avenir.

Telle phrase inaperçue de son livre trouvera un jour son application et deviendra l'objet des commentaires les plus dangereux. Il faut donc essayer de le transmettre avec la recommandation qui lui appartient, et si les résultats qu'il a médités restent toujours malfaisants, la cause en sera dans une disposition du lecteur plutôt que dans un poison si hautement déclaré tel.

Le talent de Scapin, dans ces deux côtés opposés, a deux valeurs bien inégales; et le talent qu'il met à dénigrer l'emporte infiniment sur celui qu'il consacre à la louange. On voit dans le premier son instinct et sa nature; dans le second, c'est une contrainte qu'il s'impose, et de là cette foule de maladroits éloges qui, à l'égard de certains individus, sont un véritable homicide.

C'est qu'aussi le dénigrement peut, jusqu'à un certain point, se passer de vraisemblance et de mesure. Il en est même d'arrivés à une tactique qui aurait passé pour de la démence, et qui, par son succès, est démontrée fort adroite. Elle consiste à diffamer quelqu'un sur ce qui semblait le mieux acquis et le plus inattaquable, sur ce que par conséquent la haine croyait devoir respecter, se dédommageant, bien entendu, sur autre chose; et aujourd'hui donc on accuserait Turenne de lâcheté et Mme de Sévigné de bêtise, et si quelques voix se récriaient d'abord, il y aurait bien d'autres voix pour les couvrir, et, mille petits contingents de preuves arrivant à l'appui, il n'y aurait plus pour l'héroïne ou le héros ni refuge, ni sécurité, ni force.

L'art de louer n'a pas subi ces variations; il reste toujours obligé à certaines proportions, et trop peu de justesse détruirait entièrement tout son mérite. C'est ainsi que lorsque Scapin, au lieu de louer dans un homme les talents ou les vertus qu'on aime à lui reconnaître, vient vanter sa noblesse d'extraction à laquelle il n'a nul droit, il le couvre d'un ridicule qu'il aura peine à effacer, et il l'engage dans une route où les difficultés se multiplient et où la loyauté de l'honnête homme est à chaque pas compromise.

Le génie de Scapin est donc pour le dénigrement, et il brille dans une foule d'articles consacrés aux infortunés qui ont encouru son animadversion. Je prendrai d'abord pour exemple celui qui concerne M. de La Fayette, parcequ'il consiste en une tirade dont on peut dire que le style est tout l'homme. C'est un chef-d'œuvre où Scapin offre toutes ses perfections, et je vais le soumettre à mes lecteurs après les quelques mots qui en sont le préambule nécessaire.

On sait que les causes malheureuses, quelque justes et quelque intéressantes qu'elles puissent être, n'en sont pas moins condamnées à l'acceptation de dévoûments peu flatteurs dont ses loyaux serviteurs gémissent, parce qu'ils en comprennent les inconvénients et qu'ils en ressentent la solidarité. Mais le malheur est ainsi fait, et les ennemis qu'il combat le rendent souvent moins à plaindre que les amis qu'on lui impose.

Scapin s'est revêtu ainsi d'une couleur qui devient à la fois sa garantie et son prétexte, car il en fait le passe-port de tout ce qu'il sait lui être contraire ; et lorsqu'il semble combattre avec sincérité pour elle, il le fait avec des armes si discourtoises, que la victoire en serait honteuse et que la cause qu'il prétend servir n'aurait jamais qu'à la déplorer.

L'article contre M. de La Fayette va fournir un de ces exemples.

« . . . .

« Au lieu d'acquérir la châtellenie royale de Courtenay,
« M. Lyonnais se rabattit sur la terre noble de Pontgi-
« bault, qui provenait de la succession de ma tante de
« La Tremouille, laquelle était la dernière de l'ancienne
« maison de La Fayette, *qu'il ne faut pas confondre* avec
« la famille de ce marquis philosophe et républicain qui
« vient de faire la guerre en Amérique. Marie-Made-
« leine, héritière et marquise de La Fayette, duchesse
« de La Tremouille et de Thouars, était morte en 1717,
« à l'âge de vingt-huit ans. C'est *à cette époque-là* qu'un
« gentilhomme d'Auvergne, appelé M. Motier, *s'ima-*
« *gina d'ajuster* le nom de La Fayette avec le beau
« nom de Motier, qui était celui de sa famille. *Il disait*
« pour ses raisons qu'un ou deux personnages de la
« véritable maison de La Fayette avaient porté *le sur-*
« *nom de Moitier ou Moustier* au 14ᵉ siècle, ce qui
« n'importe guère et ne signifie rien du tout. Le ma-
« réchal de Noailles *m'a raconté* que Louis XV *lui avait*
« *dit* un jour, à propos du mémoire généalogique de
« ces prétendus marquis : *Avez-vous lu le roman de la*
« *famille Motier? Il ne vaudra jamais ceux de Mᵐᵉ de*
« *La Fayette.*

« Nous n'avons jamais pu nous expliquer comment
« MM. de Noailles avaient pu ensuite donner leur fille
« en mariage à *ce petit Motier*; mais *il nous disait* à
« cela qu'il était toujours assez bon gentilhomme pour

« n'être pas pendu ; qu'il était très riche et surtout très
« bon sujet. Aimable sujet, en vérité ! J'ai toujours
« trouvé que sa femme avait été bien chanceuse. »

(*Tome I, page* 373.)

Prévenu maintenant que tout ce qui remplit cette
tirade est de l'invention de Scapin, ne faut-il pas en
admirer la contexture ?

Quelle simplicité ! quel naturel ! quel calme !

Comme c'est bien là une causerie familière, où l'imposture n'est pas supposable, où n'entrent que des faits
vingt fois avérés !

Un coup mortel ne saurait être porté plus sûrement,
avec moins de préméditation et avec plus de bonhomie.
C'est un récit commencé à propos d'une terre achetée
par l'intendant M. Lyonnais. On ne cherchait pas
M. de La Fayette ; mais il se trouve sur le chemin :
alors on en dit quelques mots, comme par le plus grand
des hasards !

Tout cela est de l'habileté, habileté démontrée par
tout ce qui démontrera que cet article est de la création
entière de Scapin, et que nulle excuse ne peut en affai-
blir l'intention toute malfaisante.

J'ai déjà eu l'occasion de faire remarquer la contradiction que la marquise de Crequy met dans ses paroles
avec ce que l'on trouve dans l'Histoire des grands officiers de la couronne par le Père Anselme, pour lequel
néanmoins elle proclame la plus grande estime ; et cette
estime nous allons voir comment elle la formule :

« Je vous assure et vous préviens qu'à l'exception

« de l'excellent ouvrage du Père Anselme, continué
« par Du Fourny, il n'en est pas un autre en France à
« qui l'on puisse s'en rapporter et se confier sur la
« généalogie d'aucune famille française ; mais aussi
« celui-là fait-il le plus grand honneur à l'exactitude
« ainsi qu'à l'intégrité de ces deux savants personna-
« ges. »

(*Tome I, page* 22.)

Il serait à penser maintenant que, si la marquise de
Crequy avait à décider de l'honneur d'un individu et
d'une famille, elle irait avant se renseigner dans l'ouvrage qu'elle reconnaît comme si bien capable d'instruire.

Ainsi, de deux choses l'une :

Ou la marquise de Créquy, avec sa version faite
d'avance, a évité tout ce qui pouvait y apporter du
changement en faveur de celui auquel elle avait décidé
de nuire ;

Ou, parfaitement instruite déjà de ce qui se trouvait
dans l'ouvrage du Père Anselme, elle n'en a pas moins
confectionné sa version en entassant imposture sur imposture.

Car, ouvrez l'Histoire des grands officiers de la couronne, et vous y verrez que le maréchal de La Fayette
s'appelait Gilbert *Motier*, seigneur de La Fayette ; vous
y verrez qu'à cause de ce maréchal, la généalogie de
sa maison est insérée dans l'ouvrage et qu'elle a pour
titre : Généalogie de la maison *de Motier* ; vous y verrez
que ce nom de *Motier* est originairement et continuelle-

ment le nom de tous les individus et de toutes les branches de cette maison ;

Qu'elle s'est partagée en deux rameaux, dont l'aîné a porté le surnom de La Fayette, toujours réuni à son nom de *Motier* ;

Que la duchesse de La Tremouille, dernière de la branche de La Fayette, ne s'appelait pas seulemeut Marie-Madeleine de La Fayette, mais Marie-Madeleine *Motier* de La Fayette ;

Que cette duchesse, *par un testament fait en* 1717, *laisse son marquisat de La Fayette* à son parent chef de la branche cadette de sa maison ;

Qu'ainsi, soit par le sang, soit par la disposition testamentaire, le titre de marquis de La Fayette appartient à la branche qui le reçut et qui l'a transmis jusque aujourd'hui.

Vous verrez encore :

Que tous ces faits insérés dans un tel ouvrage dispensaient de la publication d'un mémoire généalogique;

Que tous ces faits accomplis en 1717, et le roi Louis XV ayant alors huit aus, il ne pouvait beaucoup s'en occuper, ni faire de comparaison avec les romans de Mme de La Fayette ;

Que par conséquent le maréchal de Noailles n'a pu dire à la marquise de Crequy, etc., etc....

Le marquis de La Fayette sort donc d'une branche collatérale qui a hérité de la branche aînée, ce qui est plus nombreux en France qu'on ne le croit. Beaucoup de noms connus sont portés par des collatéraux qui ne descendent point des personnages qui ont illustré ces noms : Gontaut-Biron, Maillé-Brézé, Faudoas-Barbazan, Rouvroy de Saint-Simon, Mailly de Nesle, du Plessis-Mornay, Colbert et une infinité d'autres, ne sont plus que des lignes collatérales plus ou moins rapprochées et plus ou moins authentiques.

Tel est l'exemple que je n'ai pas craint de commenter minutieusement, parcequ'il témoignerait tout seul du genre de moralité qui préside à l'œuvre de Scapin, et qu'il réunit tout ce qu'il est bon de connaître pour ôter à un pareil ouvrage son danger et sa séduction.

Il faut y remarquer enfin, en dernier lieu, cet art vraiment diabolique qui fait dire par MM. de Noailles ce qui est le plus nuisible à M. de La Fayette, leur allié. Par cette méthode, on jette la guerre civile dans les familles ; et Scapin, partageant le monde en deux camps, règne dans l'un par la reconnaissance, et dans l'autre par la crainte.

L'habileté de Scapin pour nuire ne pouvant plus être mise en doute, je me bornerai en ce moment à dire qu'il ne traite pas mieux MM. de Broglie que MM. de La Fayette ; MM. de Caraman que MM. de Broglie ; MM. de Mirabeau que MM. de Caraman ; MM. de Béarn que MM. de Jumilhac ; MM. de Périgord que MM. de Beauffremont, etc., etc., etc.

Peu importe à Scapin la distinction d'une famille : s'il l'a classée sa victime, il faudra bien qu'il l'afflige et qu'il la déconsidère.

La maison de Montmorency, par exemple, a-t-elle cru bonnement qu'elle pouvait se passer du concours de Scapin et repousser toute tentative d'approchement ?

Il en résultera que Scapin, avec une hardiesse toute comique, discutera *la prétendue* suprématie de cette maison, et aura parlé avec plus d'emphase d'une famille aux emplois subalternes que d'une maison quasi-royale avec ses cinq connétables et son mariage avec une reine de France.

Ainsi donc, rien ne gêne Scapin, rien ne l'émeut, rien ne lui impose, ni la grandeur, ni la célébrité, et le malheur, au contraire, redouble sa malveillance railleuse. Je me tairai sur ce qui m'a choqué le plus en ce genre; mais je signalerai tout ce qu'il dit sur Mᵐᵉ de Staël, Mᵐᵉ Roland et Voltaire, comme faisant soulever le cœur. Il ne veut plus que l'on plaigne le poète Gilbert, et il appelle Manon Lescaut de la littérature au rabais (1).

(1) La délicieuse histoire de Manon Lescaut a été traduite en un ballet qui est devenu l'un des plus charmants spectacles de notre époque. On ne pourra s'imaginer tout ce qu'il y eut d'enchantement et de surprise à cette apparition de tant de magnifiques costumes d'autrefois, et de la noble élégance de ce passé qui, soustrait à la fange dont on le couvre chaque jour, produit de si douces émotions, et une curiosité la plus remplie d'intérêt. La critique ne devrait pas s'exercer sur une si charmante futilité; mais comment ne pas faire la remarque que son spirituel auteur, en transformant le gentilhomme Desgrieux en petit commis aux gabelles, ôte à sa fatale passion tout ce qu'elle a de touchant dans ses sacrifices, et d'énergiquement moral dans ses excès? Cet amour, qui préfère la misère et les humiliations à l'abandon de l'objet aimé, ne s'exprime que par la position distinguée de Desgrieux. Trans-

Et toujours, par opposition avec l'histoire, il représente le prince de Lamballe et Mme d'Egmont comme des modèles d'amour platonique et débarrassés entièrement des peccadilles qu'on leur prête ; et il n'est pas jusqu'au marquis de Lettorière (1), ce héros des coulisses du 18e siècle, qui ne devienne d'une candeur toute native, et un véritable céladon des romans d'Urfé ou de la Calprenède.

Je ne sais ce que Scapin espère se faire pardonner avec cette distribution de couronnes virginales ; mais j'y vois d'abord un rôle pour lequel il n'est point fait, puis un calcul de résistance pour toutes les traditions avérées (2), afin d'en rendre son livre plus piquant.

formé en petit commis, il peut certes aussi bien aimer ; mais la faible preuve n'en a ni le même intérêt, ni le même sens.

(1) Le marquis de Lettorière, ce bel officier aux gardes françaises que les femmes peu sévères de l'époque montraient tour à tour à leur char, est devenu, grâce à Scapin, un soupirant mélancolique que l'histoire des coulisses de l'opéra a indignement calomnié dans ses relations et dans ses mœurs. Scapin en fait [son gentilhomme modèle, et il nous raconte comme quoi sa jolie figure lui valait des logements, des habits et des courses de fiacre à crédit. Ainsi, pour les deux genres de perfections que Scapin veut donner à son héros, il atteste une inexpérience égale, et ce serait à faire de la peine si on ne savait que Scapin se met fièrement au dessus de toute pitié. On ne parlait plus guère de M. de Lettorière que pour une mystification qu'un adroit filou lui fit subir, et qui de ce M. de Lettorière ne prouvait ni l'intelligence, ni la modestie.

(2) Lorsqu'un ouvrage ancien peut devenir un excellent cadre à glisser les inventions modernes, on le réimprime avec

C'est un de ces caractères que l'on rencontre dans le monde, et qui, une fois connu dans leur parti arrêté, en deviennent franchement insupportables.

Au reste, tout est rêve et exagération chez Scapin. Quand il peint les beaux sentiments, il les fait si outrés qu'ils sont impossibles ; comme, lorsqu'il décrit les cérémonies et les équipages, les hôtels, les palais et les châteaux, on croirait qu'il n'en a jamais franchi le perron, et que la réalité n'a jamais frappé ses yeux. Il rentre dans ces classes vulgaires qui, avant de voir l'appartement du roi, s'en forgent une si haute idée, qu'ils finissent par le trouver mesquin : car, en effet, les meubles n'y sont pas en or massif, les glaces en cristaux de roche, et les lustres et les pendules incrustés de rubis et de diamants.

J'aborde maintenant un reproche qui ne sera pas un des moindres que j'adresserai à Scapin.

Pourquoi porter le dérangement chez ces notabilités bourgeoises où Scapin, voulant absolument inoculer sa fièvre vaniteuse, y détruirait ainsi ce parfait bon sens et ce genre de fierté modeste qui préservaient des écarts d'une ambition maladroite et d'une prétention mal fondée ?

Ces notabilités bourgeoises (1), dont plusieurs a-

toutes ces variantes ; la préface annonce un nouveau manuscrit retrouvé, et c'est ainsi que le tour est fait.

(1) Voici ce qu'on trouve sur d'anciennes notabilités bourgeoises, dont aucune de notre temps ne peut avoir la prétention d'approcher :

4

vaient repoussé l'anoblissement (1), parcequ'elles se
rappelaient le mot de Louis XI et, qu'elles étaient de
l'avis de César, ces notabilités bourgeoises, comme il
faut ici les comprendre, n'étaient pas choses faciles par
toutes les conditions qu'elles exigeaient et par ce bon
sens auquel il fallait les joindre : car, une fois entrées
dans la noblesse, elles ne pensaient plus qu'à faire oublier leur origine, et l'on pouvait alors en dire ce que
les Anglais disent de la trahison , « *qui ne réussit ja-*
« *mais, parceque, lorsqu'elle a réussi, elle ne se nomme*
« *plus trahison.* »

Mon premier exemple sera dans la famille Cochin,
qui réunissait de nos jours tout ce qu'une famille bour-

« Vingt familles bourgeoises, riches et accréditées parmi le
« peuple, formaient une association pour fournir Paris de gros-
« ses viandes. Elles ont un acte d'association de l'an 1210
« qui renvoie à un acte plus ancien. En l'an 1740, il existait
« encore trois de ces familles, les Tibert, les Saint-Yon et les
« Ladehors qui, par titres authentiques, prouvaient leur an-
« cienneté et leur filiation, dont aucune autre famille bour-
« geoise ne pouvait approcher. »

(1) « Thadée Saint-Cric, négociant de Bordeaux, préserve
« ce pays de la famine, dans le cruel hiver de 1709 et les
« deux années suivantes, en faisant venir de tous les endroits
« de l'Europe, neuf cent quarante-huit bâtimens chargés de
« blé. Le roi Louis XIV, pour récompenser son zèle et des
« services aussi importants, voulut l'anoblir; mais Thadée
« Saint-Cric n'accepta point, et, pour ne pas déplaire au mo-
« narque, se contenta d'une médaille d'or qui consignait un
« fait si honorable à sa mémoire.

« Son fils fut anobli en 1733. »

geoise peut souhaiter, et qui, par l'entremise de Scapin, se verrait exposée à tout dénaturer et à tout compromettre.

Ainsi, non content d'un avocat très célèbre, d'un
vénérable curé de Saint-Jacques-du-Haut-Pas, fondateur d'un hôpital de son nom, et de plusieurs autres
personnages recommandables, Scapin veut encore y
glisser un conseiller d'État : bien entendu que vous le
chercheriez en vain dans tous les recueils et dans tous
les livres qui ont enregistré de pareilles fonctions.

Ce conseiller d'État se glisse donc (c'est bien le mot),
car il passe inaperçu dans une petite historiette où il
est fort étranger ; mais c'est là le beau du métier, et ce
conseiller d'État en a une existence plus certaine. Qui
jamais pourrait croire que ce détail, si négligemment
jeté, est le but de tout le récit, et qu'une fois placé,
Scapin n'a plus besoin d'y revenir ?

« ..... Le charitable abbé Cochin, curé de Saint-
« Jacques-du-Haut Pas, et fondateur de l'hospice qui
« porte son nom, était certainement un personnage de
« la véracité la plus parfaite. Dans sa jeunesse, en
« hiver, un jour qu'il sortait à cinq heures du matin de
« chez son père, qui était un vieux conseiller d'*État*,
« domicilié dans le Marais, etc., etc., etc. »

La susceptibilité suffisante contre ce qui offense est
malheureusement assez rare ; mais celle qui repousse
une flatterie non méritée est plus rare encore. C'est un
laisser-aller, une faiblesse d'amour-propre dont on ou-

blie trop les conséquences. La moindre usurpation a besoin de plusieurs autres pour se soutenir : c'est un *crescendo* dont on n'est plus le maître, et l'homme le plus loyal à son début en ressent bientôt tous les funestes effets.

Telle est l'amitié de Scapin, et, quant à sa justice distributive, après l'avoir vu créer un conseiller d'État pour une famille qui n'en possède point, nous le verrons insulter, par ses amères railleries, une famille (celle de Bignon) qui a produit réellement huit conseillers d'État, deux prévôts des marchands, un avocat général, un président du grand conseil, des académiciens, des bibliothécaires du roi, et par-dessus tout cela un officier commandeur de ses ordres :

> Chacun de l'équité ne fait pas son flambeau;
> Tout n'est pas Caumartin, Bignon, ni d'Aguesseau.

Les ornements fantastiques dont Scapin veut à toute force couvrir ses protégés les placent encore dans des situations plus difficiles, parceque l'explication est forcée et fixée dans un délai très court. C'est à une des meilleures familles de la magistrature française qu'il a fait un si désagréable cadeau, et nommer MM. Anjorrant, c'est rappeler ce dicton ancien :

> Point de parlement
> Sans Anjorrant.

Scapin a imaginé, sur l'origine de cette honorable famille, une version ainsi amenée et ainsi conçue :

D'abord, c'est une demoiselle Anjorrant dont la

piété bizarre consiste à faire dire des messes pour ces anciens rois de France qu'elle craint, non sans quelque raison, de voir damnés : Chilpéric, Frédégonde et Brunehaut, ont donc grande part à ses inquiétudes et à ses prières (1) ; mais cela, comme toujours, n'est que pour amener la note où la flagornerie nobiliaire vient montrer le véritable but.

Elle nous apprend que la famille Anjorrant portait anciennement, avant saint Louis (excusez du peu !), le nom de *Vanvres* ; mais que le roi saint Louis, l'apercevant dans une église où il fut frappé de sa merveilleuse beauté, dit : *Ce sont des anges orrant*, d'où ce nom d'Anjorrant leur est venu et leur est resté.

Il faut maintenant opposer à cette version une autre version, entre lesquelles MM. Anjorrant seront appelés à se prononcer et à choisir, car si la version flatteuse est appuyée sur preuves, elle donne le droit de repous-

---

(1) Les histoires de Scapin sont souvent d'une niaiserie achevée ; mais c'est souvent aussi l'aplomb avec lequel elles sont dites, les noms qu'il y mêle, et les locutions dont il les assaisonne, qui les rendent très amusantes. Il abuse un peu trop de tout cela ; puis, fatigué de toujours créer, il ramasse une foule d'histoires qui traînent dans les plus chétifs recueils, les donne à son lecteur, qui les a relues cent fois, et, pour un homme qui a voulu de la chasteté où on ne l'avait jamais supposée, il s'inquiète fort peu qu'un lecteur chaste soit choqué de ses gravelures. Ne voulant pas fatiguer ma plume, ni trop grossir ma note, je me bornerai à citer l'histoire du petit chien de Mme du Deffand, fastidieuse à force d'être redite, mais dont Collé aurait fait un de ces récits qu'on n'écoutait que derrière l'éventail.

ser la version qui l'est un peu moins ; mais si la version flatteuse n'est due qu'à l'imagination de Scapin, il faut la désavouer comme indigne d'une famille qui a toujours marché dans la route de la vérité et de l'honneur.

Voici l'autre version, que l'on peut appeler la version contraire :

« Raoul Anjorrant, bourgeois de Paris, vivait en
« 1326. Cette famille est une des plus anciennes de la
« ville de Paris. Tous les anciens auteurs prétendent
« qu'elle tire son nom de l'enseigne d'un de ses ancê-
« tres, sur laquelle on voyait des anges priant, *angeli*
« *orantes*, dont on a fait *Anjorrant*. On dit aussi que
« son nom primitif était *Bourrée*. »

(*Nobiliaire de France*, par M. *Lainé*, Paris, 1819.)

Cette version est donnée par un généalogiste très instruit, qui signe son ouvrage et qui mérite ainsi qu'on s'en occupe.

C'est avec ce torrent de petites histoires, que Scapin tire avec tant de facilité de son sac, qu'il espère changer le rang des familles ; et dès lors, bien loin d'être sans conséquence, il méritait, selon nous, la plus sérieuse attention. On ne s'instruit guère aujourd'hui qu'en s'amusant ; on fait son cours d'histoire au Vaudeville, à la Porte-Saint-Martin ou aux Variétés : là, le passé est traité sans le moindre petit scrupule. Les noms historiques, comme ils le disent, ne servent que de clou pour attacher un tableau. On n'écrit plus d'après des faits irrévocablement établis, mais dans le sens et d'après le goût des spectateurs qui écoutent. Aussi voit-on représenter comme des lâches les rois que l'histoire présente comme des héros, et des reines d'une pureté irréprochable comme en proie aux plus ignobles passions. Et tous ces auteurs ne sont pas des misérables, obligés, pour vivre, de flatter quelques mauvaises passions : ce sont des chefs de notre littérature, qui pourraient l'enrichir de bons ouvrages, et qui en produisent ainsi qui en resteront le scandale.

Le règne de Louis XV attire particulièrement la boue et les clameurs. Cela se concevait en 1793, où l'on avait de fortes raisons pour cela ; mais aujourd'hui que l'on devrait être un peu rendu au vrai, comment méconnaître à ce point un des plus beaux règnes de la monarchie, et qui brille de tout ce qui jette le plus grand éclat sur une nation ?

Louis XV fut surnommé le Bien-Aimé dès son jeune âge, et le fut après sa mort par toutes les académies et toutes les corporations du royaume. Mille traits prouvent sa bonté, sa clémence, sa bravoure, sa dignité et son esprit. Ses négociations et ses faits d'armes ont donné deux provinces à la France, la Lorraine et la Corse ; Lawfeld, Fontenoy et tant d'autres, continuent dignement Turenne et Villars, Luxembourg et Condé. Nos trois plus grands prosateurs, Montesquieu, Buffon et Rousseau, sont de ce règne ; Massillon y prêche son Petit Carême (1718) ; J.-B. Rousseau y compose ses plus belles odes, et Voltaire y transforme la littérature en une formidable puissance. Tout ce que ce règne a produit en objets d'art est admiré et avidement recherché par toute l'Europe ; ses monuments sont la plus belle

parure de la capitale, et ses artistes, les plus gracieu-
sement inspirés des temps modernes, produisent ces
charmantes statues, ces charmants tableaux, qui n'ont
qu'un seul tort : celui d'écraser tout ce qui s'est fait depuis. L'orfévrerie de Germain, les tapisseries de Beau-
vais, les porcelaines de Sèvres, composaient une élégance si somptueuse et si durable, que, cent ans après,
elles éblouissent comme elles ont dû éblouir le premier
jour.

L'Encyclopédie parut en 1765. D'Assas mourut hé-
roïquement en 1759.

Un dernier trait peindra encore ce règne, et peut-être
un peu le nôtre.

Calas est condamné et exécuté en 1763. Voltaire démontre l'injustice de cette condamnation, et la mémoire
de Calas est réhabilitée en 1765. Un parlement composé de tout ce qu'il y a de plus distingué dans la province n'hésite pas à reconnaître son erreur.

Au commencement de ce siècle, Lesurques est condamné innocemment. Son innocence est encore mieux
prouvée que celle de Calas, et depuis quarante ans sa
famille sollicite en vain sa réhabilitation.

Tout cela n'empêche pas que le règne de Louis XV
ne soit injurié dans toutes les occasions. On a fait disparaître ses effigies, quoique certainement avec Louis XIV
on ne pût transmettre à l'avenir deux plus beaux repré-
sentants de la royauté. On ôte même son nom à une
place (1) dont il a fait creuser l'enceinte, dont il a

(1) La manie de changer le nom des places et des rues à l'o-

fait l'ornement avec les chevaux de Marly et les charmantes façades du Garde-Meuble. Et pourquoi ces injures, ces absurdités, ces injustices? Parceque l'austérité de nos mœurs, bien prouvée en mille occasions, lui reproche Mme de Pompadour et Mme du Barry! tous les avantages, tous les mérites d'un tel règne, effacés par deux jolies femmes dont on cite mille traits de bonté, mille traits de bon goût dans les arts, mille traits d'encouragement pour les gens de lettres et les artistes, etc.!

Scapin distribue une foule de flagorneries assez plates à plusieurs personnages honorables qui se seraient

rigine desquelles avaient présidé un personnage ou un événement historique m'a toujours semblé un non-sens, car enfin il n'y a rien à changer à un fait accompli, et c'est tuer l'histoire que de faire ainsi disparaître tout ce qui la renseigne ou la compose. Ce que j'appelle donc une des dernières maladresses, en ce genre, est le changement du nom de la place Dauphine à Versailles en celui de place Hoche; et, en effet, la construction ou l'embellissement de cette place constatait ou célébrait l'arrivée de la dauphine Marie-Antoinette en France, et, que l'on outrage, que l'on massacre ensuite cette princesse, les événements antérieurs sont irrévocables, et la célébrité du général Hoche étant d'une bien autre époque, il n'y a aucune raison de donner son nom à un monument qui ne s'y rattache en rien. Hoche était né à Versailles, où son père était alors palefrenier du roi, et lui placé gratis dans une école fondée par le maréchal de Biron. Il y reçut cette saine et bonne éducation dont il s'est ressenti depuis. Il entra ensuite dans les gardes-françaises, où la révolution le trouva parvenu au grade de sergent.

bien passés d'une telle protection : MM. de Turpin, de Pastoret, de Musset et autres. Je ne m'y arrêterai pas, me bornant à lui demander dans quelle chronique et dans quel historien il a trouvé ce chevalier du nom de Musset auquel le cardinal de Crequy sauva la vie, et avec lequel il bâtit une si étrange histoire.

J'arriverai à la remarque sur l'extrême libéralité avec laquelle Scapin prodigue le *de* nobiliaire à ceux qui n'y ont aucun droit.

La particule *de* placée devant un nom sous-entend toujours *seigneur de* tel endroit, ou plutôt de tel fief.

Or il est bien entendu qu'il faut que ce fief existe pour que le *de* soit légalement acquis. L'anoblissement ne donne donc pas ce droit.

L'anoblissement, le fief et le titre, étaient trois choses souvent réunies, mais toujours distinctes.

Deux anoblis portant deux noms semblables, mais l'un par un fief et l'autre sans fief de ce nom, deviennent l'utile exemple par lequel cette définition sera mieux comprise.

Ainsi, il y avait M. Senac *de* Meilhand, premier médecin du roi, qui ajoutait à son nom celui du fief *de Meilhand*, dans la Guyenne.

Et il y avait M. Meliand, d'une famille anoblie depuis assez long-temps par la magistrature ; mais comme le nom de Meliand ne reposait sur aucun fief, il s'appelait M. Meliand tout court. Scapin cependant n'hésite pas à lui donner ce *de* nobiliaire qu'il n'a jamais pris et qui ne lui appartenait pas.

Cette erreur est du reste souvent commise de nos

jours, et c'est ainsi que M. Suleau est devenu M. de
Suleau, M. Genoude M. de Genoude, etc., etc.

MM. Charles Nodier et l'abbé Olivier se sont seuls,
je crois, préservés de cette inexactitude.

Tout le monde jusqu'ici avait pensé que le marquis
de Champcenetz était l'auteur de cette fameuse épigramme :

> Armande a pour esprit l'horreur de la satire,
> Armande a pour vertu le mépris des appas ;
> Elle craint le railleur que sans cesse elle inspire,
> Elle évite l'amant qui ne la cherche pas.
> Puisqu'elle n'a pas l'art de cacher son visage
> Et qu'elle a la fureur de montrer son esprit,
> Il faut la défier de cesser d'être sage
> Et d'entendre ce qu'elle dit.

Mais il faut réformer cette croyance, et Scapin nous enseigne que c'est au vicomte de Sesmaisons qu'il faut en
attribuer l'honneur. Il y a là une révélation précieuse,
car le poète qui frappe les vers à un tel coin a droit à
plus de célébrité que le vicomte de Sesmaisons n'en a
obtenu jusqu'à ce jour.

Scapin n'a pas réduit à cette particularité seule tout
ce qu'il a de bon vouloir pour MM. de Sesmaisons : il
tire leur devise du testament d'un duc de Bretagne, et
il raconte que l'héritière des Duguesclin a été sur le
point de se marier dans leur maison.

Or, sans la moindre intention de diminuer les avantages nobiliaires de MM. de Sesmaisons, reconnus de
tout temps comme bons gentilshommes, je ne puis me

dispenser de faire remarquer que leur position n'était pas assez élevée pour que cette alliance fût en tout point convenable, et que l'héritière des Duguesclin semblait être appelée à un rang qu'elle ne trouvait pas en eux, et qu'elle trouva en effet par son mariage avec François-Joachim Paris, duc de Tresmes et de Gesvres, pair de France, septième duc et pair de sa maison, qui avait produit en outre sept cordons bleus, quatre premiers gentilshommes de la chambre, quatre capitaines des gardes du corps, cinq gouverneurs de la ville de Paris, et qui s'était déjà alliée aux plus illustres maisons du royaume. Ce dernier duc de Gesvres avait pour mère une Montmorency, et sa bisaïeule était une des trois héritières de la maison impériale de Luxembourg. Les deux autres entrèrent dans les maisons de Montmorency et de Bourbon. C'était en vertu de cette alliance que les ducs de Gesvres avaient retenu le nom et les armes de Luxembourg, et écartelaient leurs armes de Lorraine, de Bourbon et de Savoie.

Quant à la devise (1) de MM. de Sesmaisons : *Ne*

---

(1) Les devises des anciennes maisons, en latin ou en vieux français, sont ordinairement d'une simplicité modeste et mystérieuse, parcequ'elles se rattachent à des faits qui sont rarement venus jusqu'à nous, et qui seuls leur donneraient un sens. Un guerrier pieux, un sujet dévoué, un amant fidèle, cherchaient à exprimer un sentiment plus qu'à satisfaire leur orgueil. Les devises modernes sont bien d'une autre facture. On a pu choisir, et on ne s'est pas trop gêné. Quelques rapprochements curieux se rencontreront dans la suite de cet ouvrage.

tanta Domus pereat, qui est, dit Scapin, une phrase à leur intention prise dans le testament d'un duc de Bretagne [ou d'un comte, ce qui serait encore plus ancien (1)], je n'ai aucune objection à y faire. Mon souvenir me dit bien que j'ai entendu citer cette phrase comme insérée dans le testament d'un ecclésiastique de leur maison, et non d'un duc de Bretagne ; mais ce fait n'a aucune valeur positive. J'en reviendrai seulement à plaindre ceux que Scapin prend sous sa protection, puisque tout ce qui passe par sa plume devient suspect. Nous l'avons vu tout à l'heure faire parler saint Louis pour MM. Anjorrant, et involontairement on regarde aussi comme possible qu'il fasse parler un duc de Bretagne en faveur de MM. de Sesmaisons (2).

Je le répéterai souvent, pour qu'on le sache bien : c'est un véritable regret pour moi que de paraître éplucher sévèrement des familles auxquelles je voudrais

---

Godefroy de Bouillon a été le modèle de cette humilité noble du guerrier chrétien. Il refusa la couronne de Jérusalem, disant qu'il ne voulait pas d'une couronne d'or où le Sauveur du monde en avait porté une d'épines.

(1) La Bretagne n'est duché-pairie que depuis l'an 1297. Bourbon n'était qu'un simple duché en 1329, et ne devint pairie qu'en 1334.

(2) Le nom de MM. de Sesmaisons est plusieurs fois répété dans l'ouvrage du Père Anselme ; et la plus ancienne en date est à l'article du chancelier Poyet, où l'on voit que Marguerite Poyet, fille d'un avocat du roi de la ville d'Angers, et veuve de René Cheminart, maître des comptes à Nantes, épousa en 1571 François de Sesmaisons, seigneur de la Saucinière.

n'avoir que des choses obligeantes à dire. C'est la poursuite seule de Scapin qui me donne cette apparence ;
c'est son œuvre seule dont je voudrais voir la sépara-
tion d'avec les noms honorables qu'il compromet ; mais
je n'en sens pas moins toutes les difficultés de l'entreprise et tout ce qu'il me faudrait d'adresse pour enlever
la pomme sans blesser la tête de l'enfant.

L'article concernant MM. de Sainte-Aulaire (1) offre
des flagorneries plus outrées, des erreurs plus évidentes
et d'un redressement plus utile, j'en mettrai une partie
au jour.

Cette maison se composait d'un grand nombre de
branches.

Celle du marquis au quatrain s'est éteinte dans la
maison d'Harcourt.

Celle du cordon bleu en 1749 s'est éteinte complétement.

Celle qui subsiste aujourd'hui, et qui a motivé la pa-
linodie de Scapin, le voit s'avancer dans le sens de la

---

(1) La terre de Sainte-Aulaire, achetée en 1440 par la maison de Beaupoil, lui a ainsi donné son nom. La possession
des terres et des fiefs est le plus utile renseignement que l'on
puisse avoir sur les familles. Il est assez facile, à cinq cents
ans de distance, de savoir si une terre qui porte un nom a été
achetée ou transmise par héritage. La possession des terres
fait donc traverser les siècles, et rend lumineux ce qui devait
rester obscur. Le peu de maisons qui possèdent des terres
aussi anciennes que leur origine en fait bien voir l'avantage.
Sans cette rareté, toutes les prétentions seraient éclaircies.

flatterie aussi loin qu'il s'était avancé dans le sens contraire.

Il lui fallut d'abord mettre le cordon bleu au jour, c'est tout simple : cette illustration de la maison de Sainte-Aulaire vaut bien qu'en en parle ; mais Scapin le rend étrange parcequ'il le fait à sa mode, c'est-à-dire en faisant dire à ce cordon bleu un bon mot qui avait été dit par le poète Marigny. (*Voyez plusieurs recueils, et entre autres les* Étrennes d'Apollon, *année* 1784.)

Alors, comme toujours, ce bon mot est le prétexte d'une note où paraissent les plus solides erreurs et les plus magnifiques inductions. Plaignons-en MM. de Sainte-Aulaire, mais que cela n'empêche pas de critiquer Scapin, surtout en ce qui rentre dans le sujet de cet écrit.

La maison Sainte-Aulaire, dit Scapin, a produit (excusez du peu !) *plusieurs grands officiers de la couronne.*

Et il y a une réponse bien simple :

La maison de Sainte-Aulaire *n'a jamais produit un seul grand officier de la couronne.*

Voyons maintenant ce qui peut devenir l'ombre d'une excuse pour Scapin, pour Scapin qui souvent s'en passe, et en qui, toutefois, nous aimons à le reconnaître ici.

La maison de Sainte-Aulaire a produit deux ou trois premiers échansons du roi ; et voilà sur quoi Scapin fonde ses grands officiers de la couronne, confondant ainsi les charges et les époques, et se moquant ainsi de la tablature qu'il donnera à ceux qui voudront expliquer ses phrases !

Le grand échanson de France était autrefois un des premiers grands officiers de la couronne, et, à cause de ses attributions, devenait un des seigneurs les plus puissants du royaume.

Il disputait le pas au connétable, signait aux chartes de nos rois, présidait la chambre des comptes et siégeait avec les pairs du royaume, qui étaient alors les ducs de Bourgogne, de Normandie et de Guyenne, les comtes de Flandre, de Champagne et de Provence ; et c'est ce qui eut lieu en 1331, lors du jugement solennel rendu au Louvre en faveur du duc de Bourgogne touchant le comté d'Artois. Le sire de Soyecourt était alors grand échanson de France, et il prit place avec les pairs, juges de cet important démêlé entre le duc de Bourgogne et l'infortuné Robert d'Artois.

En Allemagne, c'est le roi de Bohême qui est grand échanson héréditaire de l'Empire, et il est le premier des cinq grands officiers de la couronne impériale.

Cette grande charge perdit successivement en France de son importance et de son éclat; elle n'en fut pas moins toujours occupée par des seigneurs du premier rang. Les noms qui s'y remarquent sont Erard de Montmorency, le comte d'Auxerre, le comte de Saarebruck, Guichard Dauphin, le sire de Coucy, Jacques de Bourbon, Charles de Savoisy, Guillaume de Melun, Valerand de Luxembourg, Jean de Croy et Robert de Bar.

Le dernier grand échanson de France fut Jean de Bueil, septième du nom, comte de Sancerre. C'est après sa mort, en 1665, que la charge fut supprimée. Il n'y eut plus, dès lors, que des premiers échansons du roi, qui furent successivement les marquis de Sainte-Aulaire, de Gironde et de Verneuil.

Cette charge de premier échanson du roi était fort distinguée, il n'en est nul doute ; mais il n'y a qu'une complète erreur à l'appeler grande charge de la couronne. Ainsi, dire pour cette charge avec emphase : *plusieurs grands officiers de la couronne*, c'est employer une locution des plus inexactes et aussi fausse dans le fond que dans la forme.

Toutes les grandes charges de la couronne, soit pendant leur durée, soit après leur extinction, ont eu des premiers officiers de leur service auprès du roi. Ces premiers officiers étaient à une grande distance par leurs prérogatives et par leur rang : le grand maître et le premier maître d'hôtel, le grand écuyer et le premier écuyer, le grand veneur et le premier veneur, etc.

Yves du Fou, seigneur de Montbazon, gouverneur du Dauphiné, était grand veneur de France en 1488, et, en la même année, Georges de Chateaubriand, seigneur des Roches-Baritaut (1), était premier veneur du roi.

(1) Les seigneurs des Roches-Baritaut du nom de Chateaubriand commencent leur filiation à l'année 1345. C'est de cette maison que notre grand prosateur prétend descendre, puisqu'il en porte les armes ; et nous n'avons dès lors aucune raison d'en douter. Cependant, pour l'exactitude de cet ouvrage, je dois dire que depuis 1671 jusqu'en 1790, où paraît comme maître des requêtes le frère aîné du célèbre écrivain, on ne trouve nulle trace de cette maison ni dans les diction-

Cette charge de grand veneur suivit presque la marche inverse de celle de grand échanson, car son importance augmentait à mesure que l'autre perdait la sienne. La date de tout son éclat fut par son entrée dans la maison des ducs de Guise. Cinq princes de cette maison furent grands veneurs de France, ensuite deux princes de Rohan, le marquis de Soyecourt, le duc de La Rochefoucauld, et enfin le comte de Toulouse, fils légitimé de Louis XIV, le duc de Penthièvre et le prince de Lamballe, après la mort duquel la charge revint à son père, qui fut le dernier grand veneur de France jusqu'à la révolution de 1792.

naires de la noblesse, ni dans les almanachs militaires, ni dans les états de parlements. Le château de Combourg ne renseignerait pas davantage, puisqu'il fut acheté par le père de ces deux Messieurs.

Les fiefs, ville et comté de Chateaubriand en Bretagne furent l'apanage de plusieurs maisons étrangères à celle-ci. La maison de Dinan les possédait au 13e siècle, et ils en sortirent par alliance pour entrer dans la maison de Laval. Le dernier comte de Chateaubriand de cette maison fut le mari de la célèbre Françoise de Foix. Comme il mourut sans enfants, il laissa tous ses biens à ses parents et amis, et c'est ainsi que le connétable Anne de Montmorency eut en partage le comté de Chateaubriand.

Une particularité curieuse, c'est que, ce dernier comte de Chateaubriand n'ayant point été fait chevalier, sa femme, toute grande dame qu'elle était, ne porta jamais que le nom de *Mademoiselle* de Chateaubriand. Le titre de *Madame* était réservé alors aux seules femmes de chevaliers et à celles des princes du sang.

Rien n'égale, comme on le voit, l'élasticité immense que Scapin sait donner aux avantages de ceux dont il entreprend l'éloge.

Je n'irai pas plus loin ici, pour ne pas lui donner l'une des deux satisfactions qu'il recherche.

Les louanges de Scapin ont presque toujours deux faces, qui les rendent en même temps flatteusement outrées pour les uns et très faussement dénigrantes pour les autres; il emploie des erreurs feintes qui appellent la demande d'une rectification par ceux qui seraient assez simples pour donner à son livre le but qu'il s'y propose. Scapin cède ordinairement à cette demande, trop heureux de voir revenir sous le joug ceux qui avaient voulu s'en écarter, et c'est ce que j'ai appelé *une sommation sans frais.* Tout rentre dans le bon accord, et, pour les gens timorés, c'était une douce réflexion que de se savoir ménagés et peut-être loués par Scapin. Voilà ce que ceux que je croyais de quelque force, et qui pouvaient l'être par leur position, ont cependant eu la faiblesse de faire.

C'est donc rarement que Scapin brûle entièrement ses vaisseaux, et, lorsqu'il le fait, c'est que ses motifs de plaintes lui font deviner et un caractère inébranlable et une opinion sans appel.

La prépondérance de Scapin s'était établie sur un assez grand nombre d'individus pour qu'il ait fini par se prendre lui-même au sérieux; et quand, avec un aplomb qui ne se reverra jamais, il avait lancé sa formule :

« Mais, qu'est-ce qui ne sait pas cela? »

il ne trouvait d'opposition ni chez les timides, qui redoutaient sa vengeance, ni chez les suffisants vulgaires, remplis de frayeur qu'on les soupçonnât ignorants de ce qui se passait dans les hautes régions sociales.

Scapin arrivait tout simplement ainsi à être une puissance avec laquelle beaucoup de gens traitaient, avec laquelle ceux qui avaient eu à en souffrir aimaient mieux patienter que de l'irriter davantage par une riposte quelconque, et ces gens-là n'étaient pas toujours des poltrons et des sots; mais Scapin leur en donnait l'apparence par les inquiétudes secrètes de sa mauvaise langue. Cette énigme, si difficile d'abord, devient, par la connaissance des situations et des caractères, très aisément explicable.

Scapin, démonétisé, amenait la fin de toutes ces dissimulations, de toutes ces faiblesses, de tous ces cauchemars (1) ; on respirait plus à l'aise, et l'honnête homme, tranquille dans ses actions, ne craignait plus que, par l'inimitié de Scapin, elles fussent transformées en ridicules et en vices. Pourquoi faut-il joindre ici la probabilité que ceux qui auraient eu à s'en réjouir davantage auraient été des moins ardents à le témoigner? C'est que l'amour-propre rend cela vraisemblable et gâte les meilleures dispositions ; c'est qu'il y a des bienfaits qu'il accepte, mais avec la promesse tacite d'en savourer en silence toute la douceur.

Le grand remaniement que Scapin faisait subir à notre histoire n'y laissait absolument rien d'intact, et tous nos livres d'éducation en eussent été à refondre ; puis, les faits incertains et mystérieux, Scapin se chargeait d'en décider l'existence ou de les rendre plus limpides que de l'eau de roche. Il avait vu ce que personne n'avait vu, entendu ce que personne n'avait entendu ; et, si on lui demandait compte de ses priviléges et de ses assertions, il entamait une suite de phrases très bien dites pour amuser, mais dont la divagation était on ne peut pas moins faite pour convaincre.

(1) « Si je m'endors quand mes ennuis me tiennent,
« Je suis perdu des songes qui me viennent. »

Scapin est donc de ces hommes qu'il est impossible de changer et de mettre au pied du mur, de ces hommes qui mystifient le monde et l'exploitent jusqu'à ce que le monde prenne sa revanche; et Dieu fasse alors que cette croisade de la sincérité et du bon sens ait autant de confiance en ses forces que cette ligue de l'impudence et de l'erreu r

Dans les centaines de faits que Scapin se charge d'expliquer ou de garantir l'existence, j'en choisirai un peu important par lui-même, quoique toujours inté- ressant par les personnages auxquels il se rattache : je veux parler du mariage de la princesse Charlotte de Rohan avec l'infortuné duc d'Enghien, lequel mariage n'ayant point été publié quand il pouvait et devait l'être, il a fallu naturellement en conclure qu'il n'avait jamais eu lieu. Mais Scapin en pense autrement : il regarde ce mariage comme avéré, et explique sa non-publication par les embarras de l'étiquette et le surcroît coûteux d'une princesse du sang.

Or, comment ne pas trouver étrange cet embarras de l'étiquette pour un mariage presque convenable (l'aïeule du prince était une princesse de Rohan)?

Et comment ne pas trouver plus étrange encore qu'une maison royale, si magnifique dans tous ses actes, aille s'inquiéter du surcroît d'une princesse du sang, quand elle se montre si généreuse envers ses bâtards, même non reconnus ?

J'arrive maintenant aux dispositions insolentes que Scapin aime tant à supposer aux personnages qu'il met en scène. Elles brillent chez la marquise de Crequy, et particulièrement chez M. le marquis son fils, dont les impertinences, les grands airs, les équipages et les livrées, sillonnent tous les événements et toutes les pages du volume. Aux yeux de ce marquis, l'infériorité du rang est bien près d'être assimilée à une action honteuse; et il faut voir avec quelle brutalité persifleuse il remet à leur place ceux qui ne songent pas à en sortir! Le comte de Tuffières a été son modèle, ou plutôt il se pique de le surpasser (1). Le nom de Crequy ne sauve pas ce ridicule odieux, et s'il était réel, il ferait remarquer en passant que la seule charge de cour dont cette branche de Crequy puisse se vanter (premier maître d'hôtel de Madame), elle la devait au marquis du Muy, beau-père du maréchal du Muy, homme d'un mérite si élevé, mais enfin tous deux fils d'un conseiller au parlement d'Aix du nom de Félix, et acquéreur du marquisat du Muy; ce qui donne une origine tout au plus équivalente à celles que le marquis de Crequy foule si inhumainement à ses pieds.

Je vais citer un assaut curieux de cette impertinence sans pareille entre la marquise de Crequy et monsieur son fils, à l'occasion d'un homme que Scapin a quelque raison secrète, sans doute, de rendre ainsi leur plastron.

(1) *Lafleur au comte de Tuffières* : Monsieur...
    Le comte : Comment ?
    Lafleur : Oserais-je vous dire...
    Le comte : Il me parle, je crois! Holà! qu'il se retire,
        Qu'on lui donne congé.

La tirade est vraiment remarquable, et sera du nombre de celles qui donnent·lieu à des commentaires utiles.

« Ce qu'il y avait de plus joli dans l'affaire du petit
« Maréchal, c'est qu'il avait fini par se faire appeler
« M. de Bièvre, et que M. de Boulainvilliers l'avait
« affublé du titre de marquis, dont il n'a jamais pu se
« débarrasser. Son père avait acquis la terre de Biè-
« vre après avoir fait sa fortune à titre de premier
« chirurgien du roi..... Vous pensez bien qu'on ne le
« recevait pas dans le monde, mais il était la coque-
« luche des financières et les délices du foyer de l'O-
« péra. Il y disait un jour à votre père, avec un air
« de fatuité familière : « J'espère, M. de Crequy, que
« vous me pardonnerez de ne vous avoir pas fait une
« visite; j'ai les visites en horreur, et je n'en fais ja-
« mais à personne. — Mon petit Maréchal, lui répon-
« dit mon fils, heureusement pour ma mère et pour
« moi, que monsieur votre père n'avait pas la même
« aversion ! »

Lorsque Scapin confectionne ainsi les outrages, il faut être assuré que quelqu'un doit avoir à en souffrir. Il y a donc à supposer que quelque parent ou ami de M. de Bièvre est encore là pour s'en affliger. Cela dit, voyons maintenant ce que ces lignes renferment d'absurde et de réfutable.

Le mot qui termine l'anecdote traîne probablement

dans plus d'un recueil ; mais du marquis de Crequy au marquis de Bièvre, je ne le suppose nulle part, et en voici mes raisons :

Maréchal, l'aïeul, et non le père, du marquis de Biè‑ vre (il mourut en 1736, et le marquis de Bièvre est né en 1752), était fils d'un pauvre officier, et naquit à Calais en 1658. Il suivit la profession de chirurgien, et se distingua tellement dans son art, qu'il devint premier chirurgien du roi en 1713.

C'était non seulement un homme très habile, mais encore un homme de beaucoup d'esprit et du caractère le plus aimable. Louis XIV aimait à causer familièrement avec lui. L'on doit à Maréchal plusieurs particularités concernant ce grand monarque, et plusieurs de ses mots où brillait tant de finesse de jugement, entre autres celui sur le duc d'Orléans, depuis régent de France, *qui n'était*, dit Louis XIV, *qu'un fanfaron de vices !* Maréchal, mort dans son château de Bièvre en 1736, avait été anobli, et sa terre de Bièvre érigée en marquisat.

Qu'y avait-il alors de difficile et d'étonnant à ce que le petit-fils de cet homme distingué portât le nom et le titre que son aïeul lui avait transmis (1) ? Tous les

(1) Louis Rollin Rouillé, premier médecin du roi, mort en 1712, a eu le titre de conseiller d'Etat et de comte de Jouy. Son fils a été nommé ministre d'Etat, et sa petite-fille a épou‑ sé le marquis de Beuvron. Les autres branches sont Rouillé d'Orfeuil et Rouillé de Fontaines.

marquis font de même, et cette légalité n'a rien ici que d'honorable.

Et alors que signifient ces phrases :

Qu'il avait fini par se faire appeler M. de Bièvre?
Que M. de Boulainvilliers l'avait affublé du titre de marquis?

Le marquis de Crequy, malgré toute sa supériorité de naissance et de rang, n'avait donc aucun motif d'exprimer un dédain si railleur, et madame sa mère d'y joindre des accessoires plus insultants encore. On ne mettait pas si bas un mérite que le roi avait élevé, et le marquis de Crequy, pas plus qu'un autre, n'aurait voulu l'entreprendre.

Le marquis de Bièvre entra au service comme mousquetaire et en sortit avec le brevet de colonel. Il était riche, avait de l'esprit, une fort bonne tournure, et ne méritait pas qu'on dise de lui comme du dernier des faquins :

« Vous pensez bien qu'il n'était pas reçu dans le « monde ! »

Le monde n'était pas seulement peuplé de maisons chapitrales à Trèves, Strasbourg et Remiremont; et, s'il en eût été ainsi, le marquis de Crequy lui-même aurait pu s'en voir exclure en raison de plusieurs mésalliances de ses auteurs.

Et puis ensuite, l'histoire rapportant une foule de

mots adressés par le marquis de Bièvre au roi et à la reine, il faudrait donc supposer que le roi et la reine admettaient en leur présence ce que Mme de Crequy rejetait avec tant de morgue!

Tout cela est étrange, inhumain et absurde, et indique, comme je l'ai dit, une personne vivante qui aurait à en souffrir.

Ce qu'on sait de réel sur M. de Bièvre, c'est qu'il était, au contraire, fort agréablement placé dans le monde. Sa comédie du *Séducteur* lui avait fait un nom dans les lettres; mais ce que ce nom personnifie et rappelle, c'est ce jeu de mots, appelé calembour, dont il n'est pas l'inventeur, qu'il trouva même très à la mode, mais où il a si bien excellé, qu'il en est regardé comme le fondateur et le héros.

Cependant, Louis XV avait déjà répondu à son peintre La Tour, qui lui avait dit un peu trop familièrement que la France n'avait pas de *marine* :

« N'avons-nous pas celles de Vernet? »

Et Louis XVI au comte de Lauraguais, qui disait, avec beaucoup d'emphase, qu'il avait appris à penser en Angleterre, n'avait-il pas demandé :

« A *panser !* quoi? les chevaux? »

Ces deux mots, d'un sens si fin, donnent une idée du genre de plaisanterie dont on usait alors. M. de Bièvre y déploya une si grande supériorité que la manie en redoubla èt que le ridicule en dut faire bientôt justice. Mais lorsque le roi avait demandé un calembour sur lui-même et que M. de Bièvre lui avait répondu :

« Sire, vous n'êtes pas un *sujet* »,

et que, voyant la reine chaussée en souliers verts, il lui avait dit:

« L'univers (*l'uni vert*) est à vos pieds »,

on avait reconnu au calembour une grâce d'à-propos dont les plus délicats pouvaient s'amuser et auraient été même heureux de se servir.

Le titre de marquis, injustement ridiculisé par Scapin en M. de Bièvre, me donne envie de lui apprendre ce qu'il feint sans doute d'ignorer : c'est que les marquis du XVIIᵉ siècle sont devenus excessivement rares, et que ceux qui circulent dans nos salons datent du XVIIIᵉ siècle comme M. de Bièvre, et parfois même se trouvent moins anciens que lui.

Une douzaine de noms appuiera l'exactitude de cette remarque.

1. Le marquisat d'Argenson fut érigé en   1700.
2. Le marquisat de Dolomieu en   1701.
3. Le marquisat de La Bourdonnaye en   1717.
4. Le marquisat de Balincourt en   1719.

5. Le marquisat de Custines en   1719.
6. Le marquisat de Ludres en   1720.
7. Le marquisat d'Houdetot en   1724.
8. Le marquisat d'Osmond en   1724.
9. Le marquisat du Hautoy en   1728.
10. Le marquisat de Mathan en   1736.
11. Le marquisat de Marmier en   1740.
12. Le marquisat de Bernis en   1751.

Que pourra opposer Scapin à la précision de ces dates, et comment fera-t-il pour que plusieurs marquis, ses protégés peut-être, ne se trouvent pas les cadets, en marquisat, de *ce petit Maréchal?*

Le marquisat de Dolomieu, que j'ai placé sous la date de 1701, avait été érigé en 1688, mais ne fut enregistré que plus tard. Comme ce nom est à deux ou trois reprises le but des insolences de Scapin, je trouve convenable de rappeler que le marquisat de Dolomieu, érigé en faveur de François du Gratet, seigneur de Dolomieu, le fut en raison de son ancienne noblesse, de ses services et de ceux de ses ancêtres, où l'on trouve des dignitaires de l'ordre de Malte, des capitaines d'hommes d'armes, etc., etc. Les alliances de cette maison donneraient seules l'idée du rang qu'elle occupe dans sa province. Le premier marquis de Dolomieu eut pour femme une demoiselle de Maugiron (1). Son

(1) La maison de Maugiron, éteinte en 1767, a jeté un grand éclat dans l'histoire. Laurent de Maugiron, lieutenant du roi en Dauphiné, a été créé comte de Maugiron en 1569. C'est un des plus anciens titres du royaume.

fils épousa Mlle de Virieu, et son petit-fils une demoiselle de Béranger. Le marquis de Dolomieu, dernier
mort, avait épousé Mlle de Montjoie, et avait eu pour
frère le commandeur de Dolomieu, qui a laissé un nom
très célèbre dans les sciences.

Les titres de comtes et de marquis ont déjà assez
blasé notre époque pour que quelques ambitions veuillent rêver un titre encore plus élevé; celui de prince
n'a pas même été au delà de l'opinion que certaines personnes se sont faite de leur mérite nobiliaire ou de leur
habileté pour réussir en toutes choses; de très médiocres parchemins, et l'absolu silence de leurs généra-
tions antérieures, ne leur ont point paru une difficulté et une gêne; ils citent quelques succès analogues
(ils taisent bien entendu les défaites), et ce titre de
prince enivre alors tellement qu'on ne se donne même
pas la peine de définir quelle est l'espèce de princes
dont on veut faire partie, et peut-être même ignore-t-
on qu'il en existe plusieurs.

Il faut cependant choisir :

Parmi les princes du sang? Cela n'est pas possible.

Parmi les princes étrangers, comme Bouillon et La
Tremouille? Mais il faut une origine et une grandeur
passée trop positives.

Parmi les princes de l'Empire, comme Bauffremont
et Beauvau? Mais ce n'est plus Paris qu'il faut solici-
ter, mais Vienne, et Vienne ne traite pas de semblables
questions comme Paris.

Est-ce prince romain et par la grâce du pape, comme M. de Polignac? Alors, même réponse que ci-dessus.

Est-ce enfin prince seulement de courtoisie et sans conséquence aucune, comme Martigue, Marsillac, Poix, Yvetot et Chimay? Mais il faut posséder une terre anciennement titrée ainsi, et elles sont toutes retenues (1).

On est parvenu à se soustraire à toutes ces formalités fatigantes en découvrant le droit au titre de prince par la descendance d'une position féodale qui effectivement n'a que ce titre pour équivalent et pour traduction (2). Ceux-là sont dans le vrai plus qu'ils ne pensent

(1) Ces terres avaient titre de principautés avant d'appartenir aux familles qui les possèdent aujourd'hui. Or, sans la volonté souveraine, le fief ne peut rien pour le possesseur ni le possesseur pour le fief. Un comte achetant un marquisat, un marquis achetant un duché, sont propriétaires et seigneurs de tel marquisat et de tel duché, mais ne sont ni marquis ni duc sans une sanction royale et une création particulière. La qualité de prince donne encore plus de force à cette remarque, et c'est pourquoi j'ai dit qu'elle était alors seulement de courtoisie, sans prérogatives et conséquences aucunes; au surplus, si ce n'était en raison de services et d'événements particuliers, le titre de prince ne préoccupait guère les grands seigneurs d'autrefois; j'en prends pour exemple la maison de Noailles, qui a réuni en elle tout ce qu'une maison peut souhaiter d'illustration et de mérite, et qui ne s'est jamais occupée d'être autrement prince que par ce titre, sans importance, du fief qu'elle avait acheté (Poix). Mais duc et pair, mais grand d'Espagne, mais maréchaux de France, mais cordon bleu et Toison-d'Or, elle en rayonne, et devait s'en montrer suffisamment satisfaite.

(2) MM. d'Asnières, de La Chataigneraye, ont élevé de nos

peut-être, car, en effet, dans les anciens temps, le mot *prince* était plutôt générique que titre particulier. Il restait, dans son étymologie *princeps*, le principal, le premier, le plus apparent, le plus considérable, et s'appliquait à la souveraineté et à la descendance royale; mais comme titre particulier suivi du nom, on en voit fort peu de traces.

Ainsi les comtes de Vermandois, issus en ligne directe et légitime de Charlemagne; ainsi les comtes de Dreux, issus du roi Louis le Gros; ainsi les ducs d'Orléans et de Bourgogne, les comtes d'Artois, de Flandre, de Champagne, de Toulouse et de Bretagne, tous ces souverains étaient des princes, mais ils ne portaient que le titre de leur fief, et n'étaient princes que comme catégorie, comme descendance et comme pouvoir.

On peut se permettre de demander à ceux qui aujourd'hui solliciteraient une semblable dénomination ce qu'ils en espèrent d'avantages et ce qu'ils trouvent d'explicable dans sa poursuite.

On concevrait, au contraire, que plus on établirait ce droit et plus on serait disposé à n'en point faire un fanal pour éclairer l'abaissement, l'impuissance et la ruine.

Un grand désaccord entre ce qu'on peut et ce que l'on vous suppose, et dès lors ce qu'on vous demande, est

jours la prétention d'être issus des anciens sires de Pons, dont la duchesse de Tourzel était la dernière héritière. Ils ont traduit en titre de *prince* l'ancienne importance féodale de cette race.

une source de chagrin bien plus que de satisfaction. Un titre qui, vu de loin, attire tant de suppliques et inspire tant d'espérances, n'aurait donc d'autre résultat que de renvoyer le malheur sans secours et sans protection ! Il vaut certes mieux en être privé, il vaut mieux laisser cette gloriole, ce titre fastueux et vide, à ceux qui n'en connaissent ni les devoirs ni les charges, et, comme la mère éprouvée par le jugement de Salomon, il vaut mieux renoncer à son enfant que de ne posséder que la moitié de son cadavre.

Le 18ᵉ siècle a vu s'éteindre une maison qui avait convoité le titre de prince, et qui plus est de prince du sang; mais sa convoitise était si près d'être justifiée, qu'elle restera comme un fait intéressant dans l'histoire, où le doute sera toujours dominé par la compassion.

Scapin ayant embelli et gâté ce fait (ce qui chez lui est synonyme), il rentre dans la catégorie de ceux que je crois devoir admettre, pour la rectification de ce qui le dénature et l'utilité de mes remarques.

La dernière maison de Courtenay, dont il est ici question, fut reconnue par d'habiles généalogistes comme rameau légitime de la maison royale de France; mais d'autres généalogistes trouvèrent beaucoup d'incertitude dans ses preuves, et ce fut malheureusement à ce second avis que les rois de France se sont rangés.

Louis XIV fut le dernier roi sollicité à ce sujet, et il fit cette réponse, où l'on ne peut s'empêcher de reconnaître un parfait bon sens (1) :

« Je ne puis admettre des prétentions que mes de-
« vanciers, plus habiles que moi à en connaître, n'ont
« point admises. »

Cette réponse s'adapterait très bien à certaines prétentions de nos jours, qui ont attendu, pour éclore, l'époque où tout est facile en ce genre, et où rien ne s'approfondit et ne se discute, parcequ'on n'en a ni la volonté ni les moyens.

Le dernier espoir de la maison de Courtenay étant détruit, il n'y eut plus rien de mieux pour elle que de s'éteindre, et c'est ce qu'elle ne pouvait faire plus no-

---

(1) On a toujours cité comme un chef-d'œuvre de politesse adroite la réponse que fit un duc de Lorraine à la question qui lui était adressée sur l'origine des quatre premières maisons de l'ancienne chevalerie de Lorraine, appelées les quatre *grands chevaux*, et qui se prétendaient de la même maison que lui :

« Il y a si long-temps qu'ils le disent, qu'ils nous font honneur ! »

On ne pouvait éluder une question avec plus d'adresse et de savoir-vivre.

L'ancienne chevalerie de Lorraine, qui, en 1620, comptait environ deux cents maisons, n'en pourrait plus aujourd'hui

blement que par le mariage de son unique héritière dans la maison de Bauffremont.

Un rapide historique de la maison de Courtenay régularisera toutes ces réflexions et aussi tous ces détails.

La première maison de Courtenay, très fameuse aux croisades, finit en une héritière qui épousa, en 1150,

compter que neuf ou dix : les Choiseul, les Bauffremont, les La Tour-en-Voivre *, les Raigecourt **, les Nettancourt, les Bouzey de Champagne, les du Hautoy, les Custines ***, les Ludre et les d'Ourches ****. Toutes ces maisons avaient fait leurs preuves de cour, et elles y joignaient presque toutes les preuves bien supérieures pour l'entrée du chapitre de Remiremont, qui exigeait les lignes maternelles aussi bien que la paternelle. Sans cette pureté d'alliances à tous les degrés, elles n'auraient pas moins été privées de siéger aux assises de l'ancienne chevalerie de Lorraine, qui était un pouvoir égal à celui des ducs, et qui, à la différence des autres pays, s'est maintenu jusqu'au règne de Charles IV, vers 1670.

* La maison de La Tour-en-Voivre prouve sa filiation depuis 1260. Elle a fait ses preuves de cour en 1784, et sa dernière chanoinesse à Remiremont est morte en 1819.

** La maison de Raigecourt est originaire de l'évêché de Metz.

*** Je crois les maisons de Ligneville et de Fiquelmont encore existantes à la cour de Vienne, ce qui élève à douze le nombre des maisons de l'ancienne chevalerie de Lorraine existantes aujourd'hui.

**** Le comte Léon d'Ourches, mort il y a quelques années, était l'un de nos bibliophiles les plus instruits. Le comte ou marquis d'Ourches (Balthazar), aujourd'hui, je crois, le seul de cette maison, a prouvé par la fidélité de ses principes et son courage dans le malheur qu'il existe toujours pour l'ancienne noblesse plusieurs moyens de se distinguer, et qu'elle peut en recevoir un nouveau lustre.

Pierre de France, septième fils du roi Louis le Gros. Il prit le nom et les armes de sa femme, comme il était d'usage alors pour les grands noms que l'on ne voulait pas voir s'éteindre, et il laissa de ce mariage plusieurs enfants, dont, entre autres, deux fils, *Pierre* et *Robert*, qui suivent, et qui ont formé la seconde maison de Courtenay, devenue ainsi branche cadette de la maison royale de France.

1. Pierre II de Courtenay, épousa Yolande de Hainaut, sœur des deux empereurs de Constantinople, après la mort desquels Pierre de Courtenay fut appelé à cet empire. Il le transmit à ses descendants, qui n'en eurent que le titre et le droit, et leur dernière héritière épousa Charles de France, comte de Valois, duquel mariage une seule fille, impératrice titulaire de Constantinople et mariée à *noble homme* Philippe de Sicile, prince de Tarente, lequel transmit le titre d'empereur de Constantinople dans la maison des Baux, etc., etc.

Par ce simple aperçu, il est évident que ce trône de Constantinople, que Pierre de Courtenay devait à son alliance avec Yolande de Hainaut, il l'a transmis de la manière la plus naturelle et la plus légale dans diverses maisons qui n'ont plus rien de commun avec l'autre branche de Courtenay formée par Robert, frère de Pierre. Et les descendants de Robert ne pouvaient affecter aucun droit sur le trône de Constantinople, sans risquer de paraître ignorants de ce qu'ils devaient savoir mieux que personne.

2. De Robert de Courtenay sont sorties plusieurs branches, dont il faut citer seulement :

1. Celle des seigneurs de Champignelles, éteinte en 1472.

2. Celle des seigneurs de Blénau, douteusement sortie de celle de Champignelles.

3. Celle de La Ferté-Loupière, sortie de celle de Blénau.

4. Et enfin celle de Chevillon, sortie *douteusement* encore de celle de La Ferté-Loupière.

Jean de Courtenay, seigneur de Chevillon, mort en 1639, est le *premier* qui ait écartelé ses armes de celles de France.

Louis de Courtenay, seigneur de Chevillon, son fils, mort en 1672, est le *premier* qui ait pris le titre de prince de Courtenay.

Louis-Charles de Courtenay, son fils, seigneur de Chevillon et second prince de Courtenay, est celui que nous allons voir mettre en scène. Il mourut dans un âge fort avancé, laissant un fils et une fille, qui suivent :

1° Roger, prince de Courtenay, capitaine de dragons, mourut en 1730, ne laissant pas d'enfants de son mariage avec la comtesse de Vertus, descendue d'un bâtard de Bretagne.

2. Hélène, princesse de Courtenay, restée seule de sa maison, et mariée au marquis de Bauffremont en 1736.

Ayant pris dans son contrat de mariage la qualité de princesse du sang, cette qualité fut rayée par un arrêt du parlement de Paris du 7 février 1737.

Ce texte simple et vrai ne devait pas suffire aux ro-mañciers, qui, plus d'une fois, se sont amusés à l'am-plifier et à bâtir sur lui je ne sais combien d'histoires. Scapin s'est emparé d'une partie de leur besogne, et les a ensuite surpassés par tout ce qu'il a imaginé de pompeux et d'invraisemblable.

Ainsi, dans le recueil d'anecdotes du sieur de La Place (1), on en trouve une sur le vieux prince de Courtenay, où il est représenté dans une violente colère,

---

(1) Personne mieux que Scapin ne transforme un volume de six sols en un volume de six francs. Les mémoires de Bachaumont, le recueil de La Place, et une infinité d'autres du même calibre, lui ont fourni des textes copieux d'histoires, rebattues ou suspectes, dont il n'avait qu'à changer les noms, ou le dénoûment, ou l'exorde. C'est ainsi que ces mines surannées s'exploitent, et ce qui souvent fait fureur aux spectacles, et s'arrache dans les cabinets de lecture, a traîné vingt ans sur nos quais, exposé aux injures des saisons et à tous les dédains du flaneur.

Scapin a pris dans La Place son idée première du prince de Courtenay; il y a pris ensuite la très longue histoire de la princesse de Wolfenbuttel, et, sans y changer un mot, en remplit une bonne partie de son volume. Tout cela est fort commode et extrêmement lucratif.

et menaçant son fils de mort s'il laisse barrer ses armes et consent à être reconnu descendant bâtard de la maison de France. Tout cela est inexact, on le pense bien; mais Scapin s'empare de cette scène de colère et de menaces, y donne pour objet le refus du cordon bleu, et y joint pour accessoires un comté souverain, des instruments de torture, la tente impériale et l'enseigne de Constantin ou *labarum!...*

Or :

1° Pourquoi le roi de France, qui ne reconnaissait pas les prétentions du prince de Courtenay, lui aurait-il donné un comté souverain pour lui arranger, dit Scapin, *une position convenable?*

Cette contradiction serait absurde et n'a rien qui l'appuie.

Le roi de France traitait les princes de Courtenay comme des gentilshommes, dont il faisait tantôt un colonel d'infanterie, tantôt un capitaine de dragons, tantôt un sous-lieutenant aux gardes françaises et tantôt un mousquetaire. La sollicitude royale ne s'est jamais élevée plus haut. Que ce soit à tort ou à raison, le fait existe.

2° Les instruments de torture et le droit de la donner, que Scapin a la charmante idée de faire revendiquer par le prince de Courtenay, doivent suivre le comté souverain.

3° La tente impériale et le *labarum* disparaissent de même devant la simple réflexion que cette branche de Courtenay, cent fois reconnue, ne restait pas moins étrangère à ces insignes impériaux, puisqu'ils appar-

.tenaient à une branche aînée qui les tenait d'une alliance et qui les avait transmis à ses descendants.

« Après ces accessoires, sûr lesquels il n'y avait qu'à souffler, nous arrivons à l'objet principal de cette flagornerie, qui dénaturait l'histoire et échafaudait imposture sur imposture (1) : le refus du cordon bleu, parceque le prince de Courtenay avait passé l'âge où les princes du sang le recevaient!...

Remarquons, sur ce cordon bleu, que ces infortunés princes de Courtenay n'ont jamais eu la peine de le refuser; que, s'il l'avait été réellement par eux, ils s'illustraient bien plus par son refus que par sa possession. C'est le grand moyen employé par Scapin pour donner à peu de frais bien plus qu'il ne manque, et l'histoire de ses favoris est criblée de semblables tours d'adresse.

Mais le cordon bleu, la première des distinctions de cour, n'était accordé qu'à une très haute naissance ou à des emplois très considérables.

Or, la maison de Courtenay, en la prenant depuis ses degrés authentiques, ne produisit, comme on l'a vu plus haut, qu'un colonel d'infanterie, un capitaine de dragons, deux sous-lieutenants aux gardes françaises et plusieurs gardes-marine et mousquetaires.

---

(1) L'almanach de Gotha, à partir de 1834, répète une infinité d'erreurs du genre de celles de Scapin; ce qui me ferait croire qu'il y a fourré sa griffe, et alors on doit s'attendre à de belles choses!

Si le cordon bleu avait été offert, ce n'était certes pas à ces emplois qu'il pouvait s'adresser, et il ne restait donc, pour motiver cette offre, qu'une considération de haute naissance, et la haute naissance du prince de Courtenay, c'était l'acceptation de ses degrés douteux, c'était l'acceptation de sa descendance royale; et c'est encore là une inconséquence impossible, et c'est ce qui rendrait impossible de même, de la part du prince de Courtenay, le refus d'une chose qui évidemment devait remplir tous ses vœux !

Et la pitoyable chicane sur l'âge des princes du sang était d'autant moins de mise que cet usage n'existait ni comme une règle, ni comme un droit. Le roi avait modifié l'âge où les princes pouvaient recevoir ses ordres, mais il ne se l'était pas imposé. Cela est prouvé par plusieurs exemples, et j'en citerai seulement un, parcequ'il est de cette époque, et que l'âge du prince du sang était au moins égal à celui du prince de Courtenay.

« Le comte de Charollais, fils du prince de Condé, « ne reçut le collier des ordres qu'à l'âge de vingt-deux « ans, étant né en 1700, et n'ayant été fait chevalier « qu'en 1722. »

Ainsi, je le répète, l'immense distinction que recevait la maison de Courtenay par l'offre du cordon bleu la classait trop où elle voulait être pour qu'il y eût possibilité d'une hésitation, et qu'il n'y eût pas, au contraire, une acceptation empressée et reconnaissante.

Mais Scapin a voulu un jour pompeux qui n'a jamais

lui; et alors c'est un comté souverain, c'est la tente impériale flanquée du *labarum*; c'est enfin le refus du cordon bleu, la plus brillante distinction que le roi de France pût accorder (1)! Voilà tout ce que son cerveau enfante, mais voilà tout ce que son habileté ne peut rendre ni admissible ni vraisemblable, et ce qu'il devrait reconnaître maintenant une tentative au dessus de ses forces.

(1) Il est rare que, dans nos pièces du théâtre moderne, un seigneur de l'ancien régime ne soit pas représenté avec un cordon bleu, un coureur pour porter ses billets doux, et une lettre de cachet pour se débarrasser des gens qui le gènent.

Or, la moitié des ducs et pairs n'avaient pas le cordon bleu; plusieurs maréchaux de France ne l'ont jamais eu, et des maisons qui passent pour très distinguées n'en ont point possédé un seul.

Le coureur était un genre de luxe que les grands seigneurs seuls pouvaient se permettre; aussi est-ce une faute de costume pour l'époque que de l'avoir donné au marquis de Lettorière, comme je l'ai vu au théâtre du Palais-Royal.

La lettre de cachet, enfin, était plutôt employée contre la noblesse que contre le peuple; elle n'était pas à la disposition du premier libertin titré, et il faut renoncer à la mettre dans sa poche avec sa montre et sa bourse, sa tabatière et sa lorgnette.

La lettre de cachet sauva plus d'un grand nom du déshonneur; elle pécha souvent par l'indulgence, et un homme d'esprit disait alors que, si la lettre de cachet était supprimée, beaucoup de gens ne sortiraient de prison que pour être pendus.

Me voici enfin arrivé à ce dernier exemple d'une revue bien incomplète, sans doute, mais jusqu'à un certain point suffisante pour communiquer à mes lecteurs l'opinion que je me suis depuis long-temps formée et que j'ai cru utile de faire connaître.

Ce dernier exemple est, comme tant d'autres, frêle d'apparence; puis il témoigne ensuite une confection si savante d'erreurs, qu'on le juge digne de cette minutieuse attention.

Puis, à la fin comme au commencement de cet écrit, je ne me lasserai pas de répéter qu'en poursuivant dans Scapin des assertions erronées, des définitions absurdes et des applications dangereuses, j'ai dû le faire souvent avec abstraction des personnes, et dire ce que le monde m'a appris et ce que les livres consciencieux enseignent; mais cette abstraction n'a jamais été assez absolue pour ne pas retenir ma plume, lorsque certaines vérités avaient pour conséquence la peine ou le dommage de quelqu'un. J'ai à me féliciter surtout d'avoir mis cette réserve à l'égard de ceux qui n'avaient aucun droit à mes ménagements, et qui, à défaut de reconnaissance, en éprouveront du moins quelque surprise.

Quant aux louanges de trop mauvais aloi que ce dernier exemple va encore critiquer et mettre au jour, elles ne pouvaient inspirer aucun scrupule, et l'hésitation aurait été bien autrement injurieuse que la franchise, puisqu'elle paraîtrait croire que ceux qu'elles concernent s'en arrangent, et que leur situation peut avoir à en souffrir. C'était loin d'être vrai pour la plupart, et ce serait entièrement faux pour le cas particulier qui suit.

MM. Le Lièvre de La Grange sont d'une très bonne famille de robe du second ordre, que j'appelle très bonne parcequ'elle remonte jusqu'à l'an 1510, et que je classe néanmoins du second ordre, parcequ'elle n'a produit ni un chancelier, ni un garde des sceaux, ni un premier président, ni un président à mortier, ni un procureur général, ni un officier des ordres du roi (1).

_____

(1) Pour faire participer autant que possible la haute ma-

Son premier auteur connu est Jean Le Lièvre, l'un des quatre avocats du roi au parlement de Paris, depuis 1510 jusqu'en 1521. Les trois autres étaient Jean Ruzé, Pierre Lizet et Roger Barmes.

gistrature du royaume à l'éclatante distinction du cordon bleu, le roi créa quatre officiers principaux de l'ordre, choisis ordinairement dans la magistrature, le ministère et le clergé; ils s'intitulaient *grands officiers commandeurs* des ordres du roi, à la différence des *chevaliers commandeurs*, auxquels ils n'étaient qu'inférieurement assimilés.

Les chevaliers des ordres du roi, au nombre de cent (compris les neuf prélats), étaient choisis dans tout ce que l'Europe et la France présentaient de plus illustre.

Les prélats ne s'intitulaient que commandeurs du Saint-Esprit, parceque l'ordre de Saint-Michel était d'institution militaire.

L'ordre de Saint-Michel, après avoir jeté le plus grand éclat pendant un siècle, se vit associé à l'ordre du Saint-Esprit en 1578, et ils composaient ensemble ce qu'on appelait les ordres du roi. Quand l'ordre de Saint-Michel redevenait séparé de celui qui désormais faisait toute sa splendeur, il marchait toujours en déclinant; il perdit enfin toute son importance nobiliaire, et arriva à être la récompense des savants et des artistes. Mais, avant 1578, être chevalier de Saint-Michel ou de l'ordre du roi, c'était une illustration d'une importance au moins égale à celle de chevalier des ordres du roi a pu le devenir depuis.

Les ordres du roi ou cordon bleu avaient des règlements ou statuts que le roi devait jurer de maintenir lorsque, immédiatement après son sacre, il en était reconnu grand-maître.

Les principales exigences du cordon bleu étaient l'âge, la religion et la noblesse.

La religion exclut Turenne et Sully, et la noblesse Catinat

Cette famille prit plus tard le parti des armes ; elle produisit plusieurs militaires distingués, et son chef porta le titre de marquis de La Grange. Le dernier mort fut général sous la république et sous l'empire. Le roi Louis XVIII le confirma lieutenant général, lui donna le commandement d'une division militaire et de

et Fabert. On offrit à ces derniers de les en croire sur parole et de ne mettre aucune rigueur dans l'examen des preuves ; mais leur loyauté repoussa ce subterfuge, auquel bien des gens les excitaient. Catinat répondit plaisamment à sa famille : « *Eh bien! rayez-moi de votre généalogie* », et Fabert écrivit cette noble lettre qui, avec la réponse du monarque, composent un monument historique plein d'intérêt.

Lorsque le roi Louis XVIII, au lieu de laisser le cordon bleu avec un passé qui lui allait si bien, voulut l'adapter aux idées nouvelles, il en modifia nécessairement les statuts ; mais ce qu'il ne devait pas oublier, et ce dont cependant personne n'a fait la remarque, c'est qu'il n'y a qu'après son sacre que le roi de France devient grand-maître de ses ordres, ayant le droit de les conférer ; jusque là il n'est qu'un simple chevalier, ayant reçu le cordon bleu sur son berceau en sa qualité de fils de France. Aucun roi, depuis Henri III, ne s'était soustrait à cette obligation, et elle est assez nettement imposée pour n'admettre ni suppression ni changement :

« Les rois nos successeurs ne pourront disposer en façon « quelconque dudit ordre qu'après avoir reçu le saint sacre et « couronnement. » (*Article* 3.)

D'où il résulterait que, le roi Louis XVIII n'ayant point été sacré, aucun précédent ne l'autorisait à conférer le cordon bleu, et que ses nominations, au nombre de cinquante et une, encouraient ainsi d'être atteintes de nullité.

l'une des deux compagnies de ses mousquetaires. De
son mariage avec mademoiselle Hall, fille du célèbre
peintre en miniature dont les curieux recherchent les
ouvrages, et veuve de M. Suleau, journaliste, mort
victime de son dévoûment pour son roi, il a laissé
plusieurs enfants, dont un fils aîné, aujourd'hui marquis de La Grange, qui a épousé mademoiselle de Caumont La Force (1), et une fille, mariée en premières

(1) Les ducs de Caumont La Force, pairs de France, sont
éteints depuis 1758; mais, le dernier duc ayant reconnu pour
son parent le sieur de Caumont de Bauvilla, simple garde-
du-corps du roi, il le fit titrer marquis de Caumont en 1757,
et le maria avec mademoiselle de Béarn, sa petite-fille. Le
fils aîné de cette alliance joignit à son nom celui de La Force,
et fut créé duc non pair en 1787. Ses sœurs furent mesdames de Balbi, de Chabrilland et de Mesnard. Son frère,
père de madame de la Grange, a pris le titre de duc de La
Force.

Dans la généalogie de Caumont, insérée dans l'Histoire des
grands officiers de la couronne, la branche de Caumont de
Bauvilla (la seule qui existe aujourd'hui) ne se trouve pas;
aussi dut-elle faire établir ses droits dans un mémoire généalogique qui, déjà fort de la reconnaissance du duc, n'éprouva aucune contradiction. Ce mémoire parut en 1757, la même
année que le mémoire généalogique de MM. de Mailly d'Haucourt, pour établir leur descendance des anciens et illustres
Mailly de Picardie, dont le marquis de Mailly de Nesle était le
dernier, n'ayant eu qu'une fille, mariée au duc d'Aremberg,
duquel mariage une fille unique, mariée au prince Pie de
Bavière, neveu de l'électeur.

L'explication, aussi insolente que fausse, donnée par Scapin, au refus du marquis de Mailly de Nesle de reconnaître

noces au duc de Caylus, et en secondes noces au comte de Rochemure.

Cette notice, qui ne dit que ce que tout le monde sait, était cependant nécessaire pour servir de comparaison à l'espèce d'amplification que Scapin va bâtir sur elle. C'est une curiosité qui mérite qu'on l'étudie ; c'est un travail dont il faut faire sentir la finesse et la profondeur.

« Le Lieure (ou Le Lièvre comme on l'écrit à pré-
« sent). Il était de la même famille que cet inflexible et
« courageux Jean Lelieure, avocat général au parle-
« ment de Paris sous le règne de Louis XII et Fran-
« çois Ier, lequel avait entrepris de s'opposer à l'enre-
« gistrement du concordat avec Léon X, en dépit du

MM. de Mailly d'Haucourt, n'ôtera pas néanmoins à ces derniers l'intérêt qui doit s'attacher à la mémoire du vieux maréchal d'Haucourt, lequel, mourant sur l'échafaud en 1794, à l'âge de 86 ans, adressa, avec un courage héroïque, ces dernières paroles au peuple : « *Voyez comme sait mourir un maréchal de France !* »

La maison de Soyecourt et la maison de Mailly de Nesle étaient les deux plus riches de Picardie ; la maison de Soyecourt joignait encore à son patrimoine de Picardie l'immense succession des Longueil-Maisons, près et dans Paris, et l'héritage de la comtesse de Staffort, en basse Navarre, échangé plus tard avec la maison de Gramont. La comtesse de Staffort était fille et unique héritière du célèbre comte ou chevalier de Gramont et d'Elisabeth de Hamilton.

« pape et du roi, ce qui n'aboutit qu'à l'empêcher
« d'être chancelier de France.

« C'est une des familles les plus immensément riches
« du royaume ; c'est une des familles de la plus vieille
« robe. Ce dont il résultait toujours que tous les pré-
« sidents et conseillers des anciennes familles du par-
« lement étaient obligés de se récuser et de s'abstenir
« de siéger sur les fleurs de lys quand on jugeait ses
« procès. C'était le bel air du parlement, et il n'y avait
« si mince conseiller des requêtes et des enquêtes qui
« ne montrât la prétention de se faire récuser, comme
« parent, toutes les fois qu'on avait à juger un procès
« du marquis de La Grange, etc. »

Ne voilà-t-il pas une des plus fameuses tirades dans
ce jargon emphatique dont Scapin emportera le secret?
N'est-ce pas là un modèle de ce style boursouflé et vide
dont on reçoit d'abord l'influence, mais dont la moindre
réflexion vous fait sentir le néant? Hâtons-nous donc
de le réduire à sa juste valeur, pour en empêcher l'emploi, et s'amuser un peu de celui qui se moque si bien
de tout le monde.

1. *Le Lieure* (ou *Le Lièvre*, comme on l'écrit à présent).

Il est bien certain que *Le Lièvre* était *Le Lieure* lorsque l'*u* voyelle et l'*u* consonne étaient semblables ; mais
la prononciation était aussi différente qu'elle l'est aujourd'hui. On devait donc dire Le Lièvre ainsi qu'au-

jourd'hui, comme on disait *vérité* en écrivant *uérité*, et
comme on est resté disant *union*, parceque la prononciation n'a pas obligé à changer la lettre.

Cette remarque de Scapin serait donc puérile, s'il ne
fallait pas y chercher un autre motif. Ceux qui le connaissent bien y verront un premier acheminement pour
rattacher probablement la famille de MM. de La Grange
à quelques autres familles du nom de *Le Lieur* ou *Le
Lieure*, comme nous en avons rencontré quelques unes
dans l'histoire. Mais ces familles se nomment toujours *Le
Lieur*, et j'en prends pour exemple Robert *Le Lieur*, avocat du roi au parlement de Rouen, lorsque Jean *Le Lièvre*
était avocat du roi au parlement de Paris. Ces deux noms
et ces deux personnages n'ont jamais été confondus.

2. *Il était de la même famille que cet inflexible et courageux Jean Le Lieure, avocat général au parlement
de Paris.*

Je demanderai à Scapin sur quel historien il s'appuie
pour les deux superbes épithètes dont il gratifie cet
avocat du roi, et lesquelles, sans indiquer aucune
source, il va se charger seul de nous expliquer.

Je ne le chicanerai pas sur le titre d'avocat général,
parceque l'avocat du roi en remplissait les fonctions;
mais, pour l'exactitude des choses, je dirai que le titre
d'avocat général est postérieur à Jean Le Lièvre, et qu'il
ne fut même régulièrement donné qu'à partir d'Antoine
Séguier, avocat général en 1587.

3. *Lequel avait entrepris de s'opposer à l'enregistrement du concordat avec Léon X.*

Telle est probablement l'explication d'*inflexible* et de *courageux*, auxquels on aurait pu joindre *téméraire*, si ce fait nous était clairement démontré; mais voici mes raisons pour ne pas y croire :

Les avocats du roi avaient pour supérieur le procureur général, et ils composaient avec lui le conseil du gouvernement. C'était par ce conseil que le roi communiquait avec le parlement, et il n'y a pas de probabilité que ce conseil du roi, que cet avocat du roi tout seul, eût voulu entraver la volonté royale, que son rôle était de soutenir.

A l'occasion de ce concordat, l'histoire ne nomme qu'un seul personnage qui en ait la responsabilité et la direction : c'est le chancelier Du Prat. Ce concordat occupe une grande place dans sa vie, et l'avocat du roi Jean Le Lièvre n'y est pas une seule fois nommé.

4. *En dépit du pape et du roi.*

Cette phrase est *en dépit* des convenances, et, pour faire un trop beau rôle à Jean Le Lièvre, Scapin emploie une audace de langage que son héros aurait certainement désavouée.

5. *Ce qui n'aboutit seulement qu'à l'empêcher d'être chancelier de France.*

Voilà enfin le grand mot lâché et le but de tous ces

préliminaires connu ! Les grandes charges de la robe manquaient à MM. de La Grange, et voilà que Scapin invente plus que de leur donner un chancelier, puisqu'il les fait volontairement, et par un motif de *courage* et d'*inflexibilité*, refuser de l'être.

Se figure-t-on tout ce que cette méthode aura désormais d'avantageux pour ces généalogies insignifiantes et impossibles, où il n'y aura plus maintenant qu'à dire :

Pierre, qui refusa d'être chevalier et gouverneur de tel pays.

Paul, qui fut sur le point d'épouser telle héritière.

Jean, etc., etc., etc.

L'histoire est là pour empêcher de dire ce qu'on n'a pas été ; mais quelle latitude elle laisse à toutes ces explications fantastiques !

Je doute que Scapin ait compris lui-même l'importance de son perfectionnement :

> .... quand vous avez fait ce charmant *quoi qu'on die*,
> Avez-vous compris, vous, toute son énergie ?
> Songiez-vous bien vous-même à tout ce qu'il nous dit,
> Et pensiez-vous, alors, y mettre tant d'esprit ?

C'est qu'une charge refusée à la manière de Scapin deviendra au moins l'équivalent de deux fois cette charge possédée en réalité, et il n'y aura plus, pour exprimer cette merveilleuse découverte, que l'équation ou formule algébrique qui suit :

$$a - b = aa + bb.$$

; Puis, ouvrez les livres de Scapin, et vous trouverez la solution de ce problème.

6. *MM. de La Grange sont les gens les plus immensément riches du royaume.*

Pourquoi vouloir que rien ne manque absolument à l'auréole !de MM. de La Grange? MM. de La Grange étaient riches, il est vrai; mais combien de fortunes prises dans toutes les classes dépassaient de beaucoup la leur !

7. *Ils sont de la plus vieille robe.*

Ici Scapin manque de mémoire; il fait MM. Anjorrant contemporains de saint Louis, et voilà qu'il appelle de la plus vieille robe (1) une famille qui ne date que de

(1) Les deux premières maisons de la magistrature française sont, sans contredit, les Longueil-Maisons et les de Mesmes, toutes deux d'ancienne chevalerie, avant d'entrer dans la robe. La maison de Longueil remontait à Adam de Longueil, qui suivit Guillaume, duc de Normandie, à la conquête d'Angleterre, en l'an 1066. Cette maison a produit des chevaliers, des capitaines d'hommes d'armes et un gouverneur de Normandie, dont le fils fut Jean de Longueil, seigneur d'Offrainville et de Maisons, président à mortier au parlement de Paris, en 1418. Le cardinal Olivier de Longueil, premier président de la chambre des comptes, en 1430, fut chargé de réhabiliter la mémoire de Jeanne d'Arc, pucelle d'Orléans, n'étant alors qu'évêque de Coutances.

1510, c'est-à-dire deux cent cinquante ans après! Il y a nécessairement oubli de sa part.

MM. Dauvet, aujourd'hui existants, ont pour premier auteur Jean Dauvet, premier président du parlement de Paris en 1471.

8. *Ce dont il résultait toujours que tous les présidents et conseillers des anciennes familles du parlement étaient obligés de se récuser et de s'abstenir de siéger sur les fleurs de lys quand on jugeait ses procès.*

Scapin en arrive à dépasser toutes les bornes!

> Après l'Agésilas,
> Hélas!
> Mais après l'Attila,
> Holà!

On ne peut ainsi consentir à voir transformer le parlement en une assemblée de rebelles et de niais.

9. *C'était le bel air du parlement.*

Voit-on d'ici MM. Molé, Séguier, Lamoignon, d'Aligre, renoncer à remplir les devoirs de leur charge pour la satisfaction de se dire parents de MM. de la Grange?

10. *Et il n'y avait si mince conseiller des requêtes et des enquêtes qui ne montrât la prétention de se faire ré-*

cuser, comme parent, toutes les fois qu'on avait à juger
un procès du marquis de La Grange.

C'était vraiment une épidémie et une puissance dans
l'État qui devaient bien inquiéter le roi, d'autant que,
d'après Scapin, on croirait à des procès souvent renou-
velés; et alors troubles continuels dans le parlement et
la presque impossibilité d'y trouver des juges.

Cependant, au milieu de ce fracas, Scapin oublie
une partie de l'essentiel, ces fonctions militaires où
MM. de La Grange ont occupé des grades élevés, et un
sous-lieutenant des mousquetaires qui vaut bien la peine
qu'on en parle.

Puis, ce qui caractérise souvent Scapin, c'est une
continuelle inquiétude sur l'éventualité des affections
humaines, ce qui fait qu'à ceux qu'il aime le mieux il
n'est pas fâché de faire prévoir ce qu'il y aurait d'inconvénients dans une rupture. Le vague de cette assertion m'engage seul à l'exprimer.

Lorsque je poursuis, dans Scapin, le dénigrement
calomnieux et les flagorneries spéculatrices, je suis
loin de confondre avec un tel métier tous les louangeurs
exagérés, mais de bonne foi, qui dépassent toute mesure dans la louange, avec un enthousiasme vrai, et
qui, prouvant un culte et une idole, n'inspirent que
compassion et tout au plus douce raillerie.

Ces adorations exagérées n'en causent pourtant pas
moins à leur objet un préjudice plus notable que celui
d'un ennemi modéré et juste. Le genre de cet ouvrage
admettant un exemple qui appuie cette observation, je

le choisirai dans un recueil qui parut il y a environ vingt-cinq ans, et qui m'a frappé par la bonté des intentions et la maladresse des résultats.

Je rappellerai d'abord qu'il n'est à peu près personne qui, au moins une fois dans sa vie, n'ait eu à s'impatienter contre une espèce trop effrénée d'admirateurs de La Fontaine. On admire Corneille et Racine, Molière et Boileau ; mais c'est plutôt à leurs œuvres qu'à leur personne que l'on s'adresse, tandis que La Fontaine, si ses charmantes fables sont l'objet d'une juste admiration (et il arrive d'y voir ce qu'il n'a jamais pensé à y mettre), c'est surtout à sa personne, aux moindres actions de sa vie, à sa bonhomie, sa naïveté, ses distractions, qu'on se pâme d'aise, et d'où on ne lui permet pas plus de sortir qu'à M. de Bièvre de ses calembours.

L'admiration pour Molière allait prendre récemment cette tournure ; on cherchait déjà dans sa vie privée tous ces petits faits qu'on arrange et qu'on enchâsse ensuite dans des ouvrages créés dans ce but. Un drame de la Porte-Saint-Martin représentait Louis XIV livrant la noblesse de France à Molière, et l'excitant à l'outrager, cette noblesse dont sa cour tirait toute sa splendeur, cette noblesse qui ne la quittait que pour aller se faire tuer pour lui ! Mais cette direction des idées ne se soutient pas ; elle passe avec la nouveauté du monument. Molière rentre dans sa tranquille et puissante estime, et l'on ne fera plus de ses louanges le prétexte à de fort injustes sorties.

La Fontaine n'éprouve point de pareilles variations,

et depuis qu'il est devenu un type dont une secte raffole, on a toujours entendu les mêmes épithètes et assisté à la même extase.

Or, qu'il s'annonce quelques détails inconnus de sa vie privée; qu'un fragment ou brouillon se révèle au fureteur de vieilles paperasses, il s'élève alors je ne sais quelle effervescence dont les notes, les préfaces et les commentaires enregistrent les chaleureuses expressions.

Un si heureux hasard a favorisé l'un des grands dénicheurs de l'époque, et qui jouit d'assez de crédit pour que nos bibliothèques ne conservent plus aucun secret. A la suite des mémoires de Coulanges, il a placé différents morceaux, et entre autres quelques poésies inédites de La Fontaine, quelques unes de ses lettres et quelques notes explicatives pour tout rapporter à cette idée fixe que l'on se fait du *bonhomme*.

Ici, comme souvent, l'admiration exclusive s'est trouvée en défaut; elle a révélé ce qui devait être caché, ce que La Fontaine aurait voulu condamner à l'oubli, et c'est par le fait de ses partisans que sa mémoire reçoit cette atteinte, qu'un inflexible historien aurait jugé à peine être obligé de mettre au jour.

Ainsi nous apprenons : 1° que, dans le partage des biens de sa famille, La Fontaine avait retenu la part d'un frère, à la charge de lui payer une pension, et que, cette pension, il ne la payait jamais que par exploit d'huissier, exposant jusque là son frère à tous les désagréments d'une pareille situation:

Charmante bonhomie, en vérité!

2° Colbert était l'ennemi de Fouquet, bienfaiteur de La Fontaine, qui avait consacré de touchantes élégies à sa disgrâce :

Les destins sont contents, Oronte est malheureux !

Et plus tard La Fontaine demande une grâce à Colbert, ce qui fait remarquer le peu de rancune de La Fontaine; et ce peu de rancune on le fait tourner encore à son éloge !

N'avoir pas de rancune pour le mal fait à un autre est plus naïf certainement que l'éditeur ne l'a pensé.

3° Enfin, le talent de La Fontaine l'ayant mis en rapport avec plusieurs grands personnages, il en est résulté pour lui une espèce de vertige qui, dans un acte, lui fait prendre la qualité de noble (1), ce qui le dispensait de payer la taille (délicieuse distraction !). Mais une autorité sévère intenta un procès à La Fontaine, qui se vit condamner à *deux mille livres d'amende*, somme fort considérable alors.

D'après ces trois faits, je le demande, ne valait-il pas mieux renoncer à quelques opuscules très médiocres, plutôt que d'en venir à de telles révélations, que toutes les notes du monde ne sauraient atténuer dans leur effet désagréable ?

(1) La Fontaine était sujet du duc de Bouillon; il était d'une famille bourgeoise de Château-Thierry, ainsi que Marie Héricart, sa femme, dont la famille, ayant acheté la terre de Thury, est aujourd'hni connue sous ce nom.

Et si, par ces nouvelles publications, nous apprenons que La Fontaine avait pour mère Françoise *Pidoux*, et pour beau-frère M. *Janart*, cette intéressante découverte ne compense pas, selon moi, les inconvénients que je viens de signaler, et qui devraient être une leçon pour ces admirateurs fanatiques qui sont si pressés de tout dire parcequ'ils ont décidé de voir tout en beau.

Je n'ai plus maintenant qu'à adresser à Scapin des adieux et des souhaits pour qu'une réflexion salutaire le guide enfin dans une meilleure route (1); non cette

(1) Scapin n'est certes pas d'un âge où les mémoires de la marquise de Crequy puissent être son début dans la carrière où ils l'ont rendu célèbre. Différentes œuvres anonymes, pseudonymes et collaboratives, l'avaient déjà fait connaître. On se rappelle surtout certains mémoires dont l'auteur, appesanti par l'âge, entreprenait une besogne au dessus de ses forces, et dut accepter les services que Scapin se trouva en position de lui offrir. Sa participation et son cachet furent faciles à reconnaître : il n'y avait que Scapin au monde pour dénigrer, flagorner et se tromper ainsi.

Ces mémoires, à cause du nom de l'auteur, s'étaient très lucrativement négociés à tant le volume; aussi menaçaient-ils de ne jamais finir. Une stérilité bavarde arrivait aux comptes des cuisinières, au recensement des maisons et aux descriptions des jardins de cinquante toises, lorsque le libraire épouvanté vint mettre son holà. Ce holà du libraire fit déguerpir Scapin, qui ne quitta ce masque et ce nom que pour en aller vite prendre d'autres.

réflexion salutaire qui autrefois faisait prendre le cilice et le cloître : il faut laisser *autrefois* avec ses héroïques efforts; il ne peut pas plus revenir pour ceux qui le déprécient que pour ceux qui le vantent (1); on lui prend ce qui convient, on lui laisse ce qui gêne; mais une réflexion est encore assez belle quand elle inspire le respect pour le vrai, et la justice pour le prochain. Anticipant donc sur une époque où Scapin se montrera digne de bienveillance et d'un avertissement amical, je l'éclairerai sur un défilé sans issue où il a l'air de vouloir entrer, et je le détournerai du labyrinthe dont certainement il ne pourrait jamais sortir.

Dans son interminable histoire du comte de Hornes, histoire embellie par mille détails de sa façon, il affecte d'écrire ce nom *Horn* et non pas *Hornes*, comme on le trouve dans presque tous les historiens.

Il faut donc d'abord lui apprendre que ce n'est ni la

(1) Ceux qui ont vu dans les éloges du passé le désir d'un retour à ses institutions et à ses priviléges se sont, je crois, trompés complétement. Les éléments du passé sont dispersés à jamais, et, les éléments qui serviraient à le reconstruire étant précisément ceux par lesquels il fut renversé, le véritable partisan d'autrefois n'y verrait aucun sujet de satisfaction, et y serait alors, au contraire, plus opposé que personne. Je crois ce raisonnement logique, et il ne faut donc plus chercher dans ce passé qu'un grand et noble souvenir, dont une prévention trop favorable pourrait charger les couleurs, sans qu'il en résultât aucun désavantage, puisqu'il vaut toujours mieux présenter un bon exemple qu'un mauvais, et l'idéal même en ce genre ne faisant que redoubler l'amour du bien et du beau.

ville de *Horn* dans la Nort-Hollande, ni le comté de *Horn* dans le Brabant hollandais, qui ont donné leur nom à la maison de Hornes, issue d'une branche cadette des comtes de Looz, mais bien la principauté de *Hornes*, composée des terres de Issche et de Heuze.

Puis il faut rapprocher cette obstination à écrire *Horn*, et non pas *Hornes*, d'une lettre datée de 1804, et adressée par Scapin à un certain comte *Albert de Horn*, qui me semble un approchant synonyme dont Scapin tendrait tout doucement à faire la continuation d'une maison éteinte depuis près d'un siècle.

Or, Scapin ignore-t-il qu'un grand nom éteint ne se retrouve pas comme une médaille d'Othon (1), un marbre de Paros ou un vase d'Herculanum?

L'extinction de la maison de Hornes est un fait si authentique et si notoire, que nul, excepté Scapin, ne hasarderait de s'y opposer; et c'est ce dont je le convaincrai par un de ces mille moyens que je pourrais lui donner à réfléchir, et ce moyen seul, suffisant, sera un

---

(1) Les médailles ou monnaies d'Othon sont assez rares en argent, très rares en or, et introuvables en bronze ou cuivre. La raison que l'on en donne, c'est que dans son court règne il fut reconnu par le peuple et l'armée, et non par le sénat, qui, s'étant réservé le droit de faire frapper la monnaie de cuivre, n'en fit, par conséquent, frapper aucune à l'effigie d'Othon. On voit que la plus petite pièce donnerait un démenti à l'histoire. Othon n'en figure pas moins au nombre des douze Césars, entre Galba et Vitellius. Sa mort est une des plus belles de l'antiquité, et le récit un des plus beaux de Tacite. J'ai essayé de l'imiter en vers.

article du calendrier de la noblesse (année 1764), contre lequel il n'y a jamais eu de réclamations d'aucun genre :

« Maximilien-Emmanuel de Hornes, prince d'Empire,
« grand d'Espagne, dernier rejeton de l'ancienne et
« illustre maison de Hornes, mort à Bruxelles, dans sa
« 68e année, en janvier 1763. »

On voit bien que, sur un tel point, Scapin ne pourra jamais nous tromper et nous éblouir (1).

Il y a eu autrefois, à Paris, un honorable Hollandais nommé le baron Van *Hoorn*, de ce haut commerce de Hollande qui a son juste orgueil et son genre de distinction. Il possédait un magnifique cabinet, dont les amateurs parlent encore. J'ai connu un de ses neveux,

(1) Dans les mémoires de Saint-Simon, publiés en 1788 (époque fameuse pour la *conscience* des écrivains), on ne trouve ni le comte de *Hornes*, ni le comte de *Horn*, mais seulement le comte *d'Horn*, ce qui est une plus étrange locution et une plus curieuse orthographe. Cette orthographe, rien ne l'explique, et cette locution, je la crois impossible de la part de celui dont on prétend publier les mémoires. Ils renferment bien d'autres impossibilités, qui rendent leur authenticité si problématique. Ce sont là des détails où l'esprit ne peut rien, et dont il faut courir le péril quand on fait parler des personnages dont souvent on ignore les habitudes.

Nos meilleurs auteurs contemporains ne sont pas exempts de ces petites taches, et les charmes de leur style n'en neutralisent pas toujours l'effet.

et, quoique ce fût dans mon extrême jeunesse, je me le rappelle parfaitement, soit pour l'agrément de nos relations, soit aussi parcequ'il était possesseur du plus ravissant manuscrit gothique qu'un amateur puisse rêver.

Si c'était à ces barons Van *Hoorn* que Scapin voulût faire partager ses ambitieuses et téméraires intentions, je lui prédirais le plus formel des refus. Une position aussi honorable ne se risque pas dans une entreprise où il y a tant à perdre quand on échoue ; mais que Scapin l'osât pour eux, c'est ce qui est à craindre, et c'est ce dont je lui fais voir la difficulté, sans demander pour cela aucune espèce de reconnaissance.

LES ORDRES DU ROI.

L'ORDRE DE SAINT-MICHEL OU CORDON NOIR.

L'ordre de Saint-Michel, appelé l'ordre du roi, fut créé par Louis XI en 1469. Le nombre des chevaliers fut d'abord de trente-six, et l'on peut penser ce qu'il renfermait de noms illustres (1). Lorsqu'il fut réuni à l'ordre du Saint-Esprit, en 1578, le nombre de chevaliers était augmenté, mais bien loin de ce qui en a été dit.

(1) L'ordre de Saint-Michel, ou ordre du roi, excluait tout autre ordre de chevalerie. D'ailleurs, un ordre exigeant un serment, c'était acte de rébellion que d'en accepter aucun sans la permission de son souverain. François Ier, duc de Bretagne, fit mourir son frère Gilles de Bretagne, baron de Chateaubriand, en 1450, parcequ'au mépris du roi Charles VII, son souverain seigneur, il avait accepté l'ordre de Saint-Georges d'Angleterre.

Après une illustration éclatante, il était encore une haute distinction ; et, pour éviter toute rivalité entre les deux ordres, Henri III les confondit ensemble, et la réception de l'un accompagnait toujours la réception de l'autre. Plus tard, l'ordre de Saint-Michel put encore être donné séparément, bien que pour les chevaliers du Saint-Esprit il fût toujours obligatoire. Le roi Louis XIV voulut même lui rendre quelque importance nobiliaire, puisqu'en 1665 les chevaliers de Saint-Michel présentaient les noms suivants :

CHEVALIERS DE L'ORDRE DE SAINT-MICHEL EN 1665.

Le comte d'Auteuil.

Le marquis de la Paluelle.

Le marquis de Vireláde.

Le vicomte de Lifermeau.

Jean Turgot, baron des Tou-railles.

Le marquis de Chastellux.

Le baron de Soucy.

Le marquis de Villars.

Jacques de Cailly.

Claude de Sesmaisons.

Jean de la Bourdonnaye.

Jacques de Beauvau, marquis du Riveau.

Charles de Nonant.

Michel Fisicat.

Le marquis de Vieux-Pont.

François de Rostaing.

Louis Turpin, comte de Sanzay.

Le marquis de la Luzerne.

Le comte d'Hautefeuille.

Le baron de Champignelles.

Louis d'Estourmel.

Le marquis de Rabodanges.

Le comte de Sourdis.

Georges Brossin, marquis de Méré.

Et autres, de noms moins connus ; dont le chiffre s'élevait à cent.

Mais cette tentative du roi Louis XIV ne fut pas long-temps soutenue, et n'eut aucune autre suite : de manière que l'ordre de Saint-Michel arriva, sous le règne de

Louis XV, à être la récompense des talents dans les lettres, les sciences et les arts, sans qu'aucune question nobiliaire y fût obligatoirement mêlée.

L'ORDRE DU SAINT-ESPRIT OU CORDON BLEU.

L'ordre du Saint-Esprit fut institué en 1578, par le roi Henri III (1), en mémoire de ce que, le jour de la Pentecôte, il avait appris deux fois son avénement à la royauté, l'une à celle de Pologne, en 1573, et l'autre à celle de France, en 1574.

Cette institution eut aussi pour motif de donner une preuve de sa catholicité, souvent mise en doute, et de s'attacher la noblesse du royaume, « dans laquelle con- « siste, dit-il, la principale force de l'autorité royale. »

Les statuts de cet ordre ou de ces ordres (puisqu'il fut réuni à l'ordre de Saint-Michel) étaient fort nom-

(1) J'ai possédé long-temps une lettre autographe du roi Henri III signée *Alexandre*. L'annotation était précise et le contenu de la lettre fort en rapport avec elle. Pourquoi donc ce nom d'*Alexandre*? Il n'y a pas d'histoire de France et de dictionnaire que je n'interrogeasse, et aucun ne me renseignait. J'en étais à ne plus y songer, lorsque, feuilletant de bons vieux bouquins, je tombai sur une histoire de France imprimée en Hollande (assez rare), et qui m'apprit qu'Henri III avait eu le nom d'Alexandre jusqu'à sa confirmation, où il reçut le nom de Henri, qu'il a toujours porté depuis.

oreux. Les principaux, comme je l'ai dit, consistaient dans la religion catholique, et certaines preuves de noblesse qui, sans remonter bien haut, limitaient la prodigante et une faveur trop aveugle.

Catinat et Fabert, ne voulant point profiter de l'indulgence qu'on leur offrait dans l'examen de leurs preuves, ne reçurent point ces ordres, auxquels ils avaient été nommés.

Voici la lettre de Fabert, que suivra la réponse faite par le roi :

« Sire,

« C'est pour moi un extrême malheur, lequel s'ac-
« croît encore par la difficulté insurmontable que je
« trouve à recevoir l'honneur que Votre Majesté veut
« me faire. De deux mauvais partis, Sire, agréez que
« je prenne, s'il vous plaît, celui de renoncer à la
« grâce que Votre Majesté a la bonté de me vouloir
« faire. On ne saurait point refuser un honneur pré-
« senté par son roi ; mais, Sire, pour recevoir celui-ci,
« il faudrait que je fusse un faussaire à Votre Majesté,
« dont la seule pensée me donne de l'horreur, etc. »

11 décembre 1661.

Réponse du roi.

« Mon cousin, je ne vous saurais dire si c'est avec
« plus d'estime ou bien avec plus de plaisir que j'ai

« vu, par votre lettre du 11 de ce mois, l'exclusion
« que vous vous donnez vous-même pour le cordon
« bleu, dont j'avais résolu de vous honorer. Ce rare
« exémple de probité me paraît si admirable que je
« vous avoue que je le regarde comme un ornement
« de mon règne; mais j'ai un regret indicible de voir
« qu'un homme qui, par sa valeur et sa fidélité, est
« parvenu si dignement aux premières charges de ma
« couronne, se prive lui-même de cette nouvelle mar-
« que d'honneur, par un obstacle qui me lie les mains.
« Ne pouvant faire davantage, pour rendre justice à
« votre vertu, je vous assurerai pour le moins par ces
« lignes que jamais il n'y aurait dispense accordée
« avec plus de joie que celle que je vous envoyerais de
« mon propre mouvement, si je le pouvais, sans ren-
« verser le fond de mes ordres, et que ceux à qui j'en
« vais distribuer le collier ne sauraient jamais en rece-
« voir plus de lustre dans le monde que le refus que
« vous en faites, par un principe si généreux, vous en
« donne auprès de moi. Je prie Dieu, etc., etc.

« Louis. »

ILLUSTRATION NOBILIAIRE

ou

GRANDS OFFICIERS DE LA COURONNE.

———

L'illustration nobiliaire consistait dans l'occupation des charges suivantes :

1. Le grand sénéchal, supprimé en   1191.
2. Le porte-oriflamme, supprimé en   1415.
3. Le grand bouteiller, supprimé en   1468.
4. Le grand queux, supprimé en   1490.
5. Le grand maître des arbalestriers, supprimé en 1534.
6. Le grand chambrier, supprimé en   1543.
7. Le grand maître des eaux et forêts, supprimé en 1575.
8. Le connétable, supprimé en   1627.
9. Le grand échanson, supprimé en   1665.
10. Le colonel général de l'infanterie, supprimé en 1730.
11. Le grand maître de l'artillerie, supprimé en 1730.
12. Le général des galères, supprimé en   1748.
13. Le grand-maître.
14. Le grand chambellan.
15. Le maréchal de France.

16. L'amiral de France.
17. Le cardinal.
18. Le grand écuyer.
19. Le grand veneur.
20. Le grand louvetier.
21. Le grand fauconnier.
22. Le grand pannetier.
23. Le grand aumônier.
24. Le duc et pair (1).
25. Le chevalier banneret, supprimé sous Charles VII.
26. Le chevalier de l'ordre du roi avant 1578.
27. Le chevalier des ordres du roi.
28. Le chancelier (2).

(1) Il y avait quatre espèces de ducs en France, mais le duc et pair seul était officier de la couronne et siégeait au Parlement, comme Uzès, Luxembourg et Gramont. Venait ensuite le duc héréditaire, non pair, comme Saulx-Tavannes, La Force et Maillé; 3° le duc à brevet et sans hérédité, comme Narbonne, Guines et Gand; 4° et enfin, duc par la grâce d'un souverain étranger, comme Caylus par le roi d'Espagne, et Crillon et Gramont-Caderousse par le pape. Ces ducs, si différents par le rang, ont été rendus égaux par le roi Louis XVIII, qui les a appelés tous à la Chambre des pairs.

(2) Dans l'énumération des officiers de la couronne, je n'ai suivi aucune prééminence, ayant mentionné d'abord les offices supprimés selon la plus ancienne date.

LES HABITS A BREVET.

Les *habits à brevet* ayant été la plus haute distinction du règne de Louis XIV, il serait difficile de les oublier dans la liste des illustrations nobiliaires.

INSTITUTION DES HABITS A BREVET.

« Le 2 octobre 1661 , le roi déclara qu'au commen-
« cement de l'année suivante il donnerait à environ
« trente seigneurs de la cour des juste-au-corps bleus
« en broderie, d'un certain patron particulier, avec

« défense aux autres d'en porter de pareils ; et , pour
« jouir de cet honneur, Sa Majesté nomma :

Monsieur.

Le prince de Condé.

Le duc d'Enghien.

Le duc de Beaufort.

Le comte d'Armagnac.

Le vicomte de Turenne.

Le duc de Bouillon.

Le maréchal de Gramont.

Le comte de Guiche.

Le comte de Soissons.

Le duc de Saint-Aignan.

Le comte du Lude.

Le comte de Vivonne.

Le marquis de Villequier.

Le comte de Noailles.

Le marquis de Guitry.

Le marquis de Soyecourt.

Le duc de Mazarin.

Le marquis de Villeroy.

Le comte de Beringhen.

Le comte de Lauzun.

Milord Craft, envoyé d'Angleterre.

Le duc d'Arpajon.

Le comte de La Feuillade.

Le marquis d'Humières.

Le marquis de Bellefonds.

Le marquis de Vardes.

Le prince de Marsillac.

Le comte de Gramont.

Le marquis de Canaples.

Le marquis de Montpezat.

Cette liste est le résumé de la société la plus brillante
de l'univers , ce qu'on a appelé depuis la *fleur des pois.*
Et combien de curieuses réflexions n'est-elle pas capable de faire naître !

D'abord, ce sont quatre princes du sang, Monsieur,
frère du roi, en tête, qui sont du nombre de ces trente
seigneurs de la cour que le roi a bien voulu favoriser.

Ainsi, sans cette mention, sans ce brevet, Monsieur,
frère du roi, était exclu.

Plusieurs autres princes du sang manquent à cette
liste, et sont ainsi privés de cette faveur.

Milord Craft, envoyé d'Angleterre, semble là pour prouver que le corps diplomatique y avait part, et rendre l'omission des autres envoyés encore plus significative.

Enfin, l'on ne finirait pas si l'on voulait examiner toutes les questions auxquelles cette institution peut donner lieu ; ce qu'on peut en dire, c'est que jamais la monarchie n'a paru avec autant de prestige et de force, et que jamais l'histoire des cours n'a présenté une page plus significative et plus curieuse.

On n'a pas besoin de dire qu'à ces habits à brevet étaient jointes une foule de prérogatives qui leur donnaient un sens de faveur très exceptionnel. Ainsi les entrées chez le roi, à toute heure et en tous lieux ; le droit de l'accompagner dans ses voyages et dans ses chasses, etc., etc.

Le nombre des habits à brevet fut, dans la suite, porté à quarante-quatre !...

Il y avait cent chevaliers des ordres. Tous les habits à brevet l'étaient, à l'exception du maréchal vicomte de Turenne, à cause de la religion. Lorsqu'en 1667, il fit abjuration et rentra dans le giron de l'Église catholique, il n'accepta ni la charge de connétable, que l'on voulait rétablir pour lui, ni le cordon bleu ; ne voulant pas faire croire que sa conversion avait été intéressée. Ce grand homme, le plus habile général des temps modernes, fut tué à Saspach le 27 juillet 1675, et fut enterré parmi les rois au caveau royal de Saint-Denis.

LES MÉSALLIANCES.

————

Jusqu'à une époque qui n'est pas encore très éloignée, les mésalliances de la noblesse étaient chose rare et à peu près impossible. Une mésalliance causait un si grand bouleversement de position, un si grand dérangement d'avenir, que les exemples en étaient fort coûteux à ceux qui par hasard les donnaient.

Mais les besoins de fortune changèrent ces idées et renversèrent les antiques lois de la noblesse. Ce mélange de races disproportionnées, ces parentés vulgaires qui en furent la suite, apportèrent aussi de grands changements à l'opinion et diminuèrent beaucoup le prestige; et à cette noblesse qui n'en montrait quelquefois que plus d'orgueil, on pouvait dire ce qui avait été jadis répondu à un pape qui comparait avec satisfaction les richesses du Vatican avec la pauvreté des apôtres :

« Oui; mais, très saint Père, vous ne dites plus au
« paralytique : Levez-vous et marchez ! »

Au reste, ces réflexions concernent trop de monde pour qu'elles puissent offenser personne. Rien n'était devenu si rare, en France, qu'une famille toujours alliée à des noms égaux au sien, et cette égalité d'ancienneté et d'extraction était si rigoureusement exigée pour les chapitres et les tournois, qu'on ne tenait compte d'aucune nuance, et que la fille du plus haut fonctionnaire en était exclue comme la fille du plus humble artisan.

La trop grande fécondité des familles amenait aussi ces vocations du cloître où l'on aidait parfois un peu; et autant le cloître est d'une institution divine pour ceux qui y sont vraiment appelés, autant il répugne à la pensée quand il n'est qu'un arrangement de famille et de position.

L'illustre maison de Ligneville, entre autres, fut douée de cette fécondité : une seule de ses branches comptait douze enfants. Aussi les chapitres regorgeaient-ils de ses filles, et il y en eut même quatre mariées à des fermiers généraux.

Il faut dire, au sujet de ces fermiers généraux, rendus si souvent ridicules et odieux, que leur magnificence, qui n'était pas sans grandeur, encourageait les talents et se répandait sur le peuple ; que leurs prétendues exactions n'étaient que le paiement d'un impôt légal dont ils étaient les fermiers, et que, depuis qu'ils furent presque tous envoyés à l'échafaud, on n'a pas vu des fortunes moins promptes et les commis de barrière faisant plus de grâce à la plus petite denrée.

Quand on personnifiait l'impôt sur le sel, le tabac et autres, en un homme à veste d'or et à équipage somptueux, on aiguisait l'épigramme, et les doléances philosophiques allaient leur train ; mais depuis qu'on a reconnu qu'il est de la nature et dans la nécessité d'un fisc de se montrer inflexible, depuis qu'il est admis qu'on est moins ridicule en dépensant le quart de son revenu qu'on ne l'était autrefois en le dépensant dans son entier, on en vient à s'occuper d'autre chose, et Voltaire, et Diderot, et Chamfort et Condorcet, se verraient eux-mêmes réduits au silence.

L'allure bourgeoise donnée à ce qui se fait maintenant, amortit, on ne peut pas mieux, tout ce qui était autrefois brodé avec tant de phrases. Il n'est pas jusqu'à la destruction des vieux monuments qui n'empêche d'attribuer aux contemporains tout ce qui s'y était passé jadis. Les tours et les fossés, les mâchicoulis et les créneaux, ne retiennent plus les prisonniers (qui parfois s'y trouvaient mieux que chez eux : voyez Marmontel et autres), et la poésie se tait devant une prison sans aspect et sans art, à peine reconnue par son factionnaire de la porte.

Mais il n'est pas douteux que, si la tour de Nesle était

encore debout, on raconterait qu'un homme est jeté
toutes les nuits par ses fenêtres ; et il est évident que
ceux qui ont détruit la Bastille étaient persuadés qu'il
n'y aurait plus de prisons.

Les monuments entretiennent donc chez nous des
idées dont on ne veut pas démordre, et il faut leur
destruction pour convaincre de l'extirpation d'un ancien mauvais principe.

Quand j'ai dit qu'il n'y avait plus de prisons avec
tours et fossés, j'ai oublié ce pauvre vieux château de
Saint-Germain-en-Laye, dont on a fait un pénitentiaire.
Il décorait si bien cette belle terrasse, et maintenant il
lui donne un aspect si triste ! Ce pauvre vieux contemporain de la Bastille n'avait pas, comme elle, de terri-
bles fastes : il fut long-temps l'habitation royale, et l'on
aurait dû aussi bien respecter la chambre où Louis XIV
est né que celle qu'il habita ensuite à Versailles. Versailles est devenu un musée de gloire nationale : pourquoi le château de Saint-Germain ne serait-il pas devenu
quelque musée des antiquités de la vieille France,
comme M. Dusommerard en a eu l'heureuse idée à l'hôtel
de Cluny ? La bonne ville de Saint-Germain, si peu enri-
chie par son chemin de fer, méritait bien cette compensation, et ce serait une occasion de plus de rassem-
bler ce qu'il est si précieux pour nous de conserver et
de retenir.

Combien, sous ce rapport, trente années changèrent
la face de la France !

En 1814, nous regorgions de ces richesses historiques, artistiques et monumentales, dont nous ne com-

prenions ni le mérite ni la valeur. Grâce à cette ignorance et à leur or, les étrangers transportèrent chez eux
ce qu'ils nous enviaient depuis si long-temps. Il ne faut
donc pas charger la révolution de tous les méfaits en
ce genre : la cupidité et l'aveuglement ont été plus loin
que ses fureurs, et le règne en a été bien plus long (1).
En 1820, il y avait encore à Paris des boutiques plus
riches que des musées ; et, en ne citant que celle du
nommé Daval, sur le quai, je rappelle un des plus curieux rassemblements de ce que l'ancienne France
avait produit. Les salles du premier et du rez-de-chaussée étaient combles de ce qu'il avait eu l'instinct d'a-
cheter quand les Petitot se vendaient au poids, qu'on
déchirait les manuscrits gothiques, pour en amuser les
enfants, et que les aiguières en vieux Sèvres se prome-
naient aux mains des servantes.

On m'a raconté qu'un Anglais vint un jour chez ce
marchand pour y choisir des armures, et qu'après le

---

(1) Je connais un pays dont le plus bel ornement a été détruit, non par la marche des siècles, les excès des révolutions, ni les conflits militaires, mais par la cupidité aveugle
d'une femme qui n'y avait aucun droit, et qu'en résumé il
faut presque plaindre comme une pauvre folle, agissant
sous l'influence abjecte de quelques fripons du plus bas étage.
Au reste, la manie de notre siècle est toujours de donner aux
grands effets de grandes causes, tandis que beaucoup de nos
importants événements peuvent se comparer à un incendie
qui dévore une ville, mais dont le commencement était un
feu que l'on pouvait éteindre avec le pied, ou dont une ca-
rafe d'eau faisait l'affaire.

choix d'un assez grand nombre, il en demanda le prix.
Ces armures étaient du plus beau travail, et portaient
la plupart le nom des personnages célèbres auxquels
elles avaient appartenu. Le marchand examine ses armures et ses registres, et demande *quinze mille livres.*
L'Anglais compte, réfléchit et déclare qu'il n'ira pas au
delà de *trois cent mille francs !* Le gentleman avait
entendu quinze mille livres sterling (375,000 fr.), et,
sans en être fort étonné, il offrait trois cent mille francs
de ce dont l'autre ne voulait réellement que quinze
mille.

— On m'a raconté aussi qu'un très beau tableau de
Watteau se trouvait un jour exposé dans l'atelier du
célèbre peintre..., et que c'était à qui exercerait ses plai-
santeries sur cette peinture, autrefois *stupidement* admi-
rée. Les quolibets ne tarissaient pas, lorsque le maître
parut ; et, informé de ce qui se passait, il dit avec le
sérieux d'un homme qui professe et qui a fait une découverte : « Vous avez tort, Messieurs ; je vous assure
que ce tableau n'est pas sans mérite. »

Teniers et Watteau, Greuze et Boucher, les étrangers nous eurent bientôt débarrassés de toutes ces
croûtes ! Et ils nous laissèrent possesseurs bien tran-
quilles de nos meubles, de nos bronzes, de nos tableaux
grecs et romains !

LE CHÂTEAU DE MAISONS.

La description de l'une des plus belles habitations de l'ancienne France me semble le complément agréable de ce qui a été dit dans ce petit ouvrage. Cette habitation a joui d'une réputation européenne, et est ainsi déjà classée dans ce qu'il y a de plus remarquable en ce genre. Je ne serai guidé, d'ailleurs, ni par l'incertitude des traditions, ni par la complaisance des souvenirs, puisque la description qui trouve ici sa place est prise dans deux ouvrages publiés en 1766 et en 1768 (1).

(1) Chez Hérissant, libraire, et chez Debure.
« Le château de Maisons, dit Maisons-Poissy, à quatre « lieues de Paris, du côté de Saint-Germain-en-Laye, qui « appartient à M. le marquis de Soyecourt, est un des « lieux de plaisance les plus renommés après les maisons « royales. »

Cette description sera précédée de quelques détails sur les vicissitudes de ce beau domaine et sur les tribulations de ses anciens possesseurs. Ce sera un enseignement utile, et plus d'une personne y trouvera le sujet d'une méditation intéressante.

La terre de Maisons, de toute ancienneté dans la maison de Longueil, fut érigée en marquisat en 1658.

C'est vers ce temps que l'ancien château fit place à un château moderne (1), le chef-d'œuvre de Mansart, de Mansart auquel on doit Versailles.

Il fut construit pour René de Longueil, marquis de Maisons, de Poissy et d'Amy, président à mortier au Parlement de Paris, ministre d'État, surintendant des finances (2), gouverneur d'Évreux, de Saint-Germain-en-Laye et de Versailles.

De son mariage avec Marie de Boulen de Crèvecœur, dame de Grisolles, il eut un fils et une fille. Le fils con-

(1) En creusant les fondations, on trouva dans un petit caveau, 40,000 pièces d'or au coin de Charles IX. La magnificence projetée de l'habitation dut encore se ressentir de cette trouvaille.

(2) Il eut pour successeur le célèbre Fouquet, après la disgrâce duquel la charge de surintendant des finances fut supprimée, comme donnant trop d'importance à ceux qui la possédaient (elle avait été occupée par plusieurs princes du sang). Il n'y eut plus depuis que des contrôleurs généraux, dont le ministre Colbert fut le premier.

tinua la lignée des présidents de Maisons, éteinte dans son arrière-petit-fils en 1731, et la fille épousa le marquis de Soyecourt, grand veneur, par laquelle alliance l'héritage des Longueil-Maisons échut ensuite dans la maison de Soyecourt, malgré l'opposition de la maréchale de Villars, tante maternelle du dernier président de Maisons, dont la veuve, fille du ministre de la guerre d'Angevilliers, se remaria avec le dernier duc de Saint-Simon.

Cette succession consistait principalement dans les marquisats de Maisons et de Poissy, les terres et seigneuries de Sèvres (1), Egremont, Béthemont, Le Mesnil, Montaigu, La Vaudoire et le Roule (aujourd'hui faubourg de Paris), etc., etc.; de plus, la charge de président à mortier, vendue par le marquis de Soyecourt à M. Talon la somme de cinq cent cinquante mille francs; de plus un très bel hôtel au faubourg Saint-Germain, devenu hôtel de Soyecourt (2), vendu depuis la révolution au duc de Blacas, etc., etc.

Telle fut la masse de biens qui, selon l'expression d'un ancien partage, entra dans une maison où la Providence en avait déjà rassemblé de si grands.

(1) La seigneurie de Sèvres, près Paris, possédait un vieux château gothique sur la principale porte duquel étaient sculptées les armes de Longueil, avec cette sentence : *Animas colentium se Deus, rem et domum tuetur.*

(2) Dans le nombre des hôtels de Soyecourt qui ont existé à Paris, on cite aussi celui de la porte Saint-Honoré, sur les jardins duquel la Madeleine est aujourd'hui bâtie.

La maison de Soyecourt se composait alors du marquis et de la marquise de Soyecourt (héritière de Feuquières et d'Hocquincourt) et de leurs trois fils, qui furent les marquis de Soyecourt, de Feuquières, et le comte de Soyecourt.

L'aîné, âgé de seize ans, épousa en 1738 mademoiselle de Beauvilliers de Saint-Aignan, fille du duc et pair de ce nom et de Marie de Montlezun de Beisemaux, dont elle était héritière.

Le marié eut en dot les marquisats de Maisons et de Poissy, déclarés biens substitués et réversibles de mâle en mâle. Le contrat de mariage en fait foi. Il fut passé, le 28 avril 1738, en l'hôtel de Soyecourt et en présence :

1° De la marquise de Soyecourt ;

2° Du duc de Gesvres, pair de France ; chevalier des ordres du roi, premier gentilhomme de sa chambre, gouverneur de la ville de Paris, représentant le marquis de Soyecourt, père du marié, son cousin germain, en ce moment à Venise ;

3° Du duc de Beauvilliers de Saint-Aignan, pair de France, chevalier des ordres du roi, ambassadeur à Rome, gouverneur du Havre-de-Grâce, père de la mariée ;

Et de tous les autres parents et amis.

Le 2 avril 1740, M. Gilbert de Voisins, premier avocat général au Parlement de Paris, fut nommé commissaire général pour régler , en dernier ressort , entre les trois frères , le partage des biens de la maison de Soyecourt.

Divers jugements de ce magistrat , datés de 1744 , de 1746 et de 1751, règlent indéfiniment le partage de ces biens, et confirment les substitutions à l'égard des marquisats de Soyecourt, de Maisons et de Poissy, des comtés de Roye et de Tilloloy, et d'un grand nombre d'autres terres.

On peut dire qu'à partir de cette époque , le roi et la famille royale témoignaient le plus grand désir de posséder la terre de Maisons, au magnifique château, au parc de douze cents arpents , enclavé dans la forêt de Saint-Germain et dans une situation si agréable, à portée de Paris et de Versailles.

L'impossibilité semblait exister dans les substitutions qui rendaient le possesseur seulement usufruitier, puis dans les difficultés qu'opposait le marquis de Soyecourt lui-même, qu'il fallut un grand nombre d'années pour vaincre, mais qui enfin se rendit ; et, après je ne sais quel acte qui, contre toute espèce de droit , fit redevenir bien libre les marquisats, de Maisons et de Poissy, ils furent vendus par le marquis de Soyecourt à M. le comte d'Artois le 25 février 1777.

Le comte de Soyecourt, héritier présomptif des substitutions (le marquis de Feuquières n'étant point marié), mit opposition à cette vente et fut secondé par le sieur Thuillier (1), tuteur aux substitutions, dont la charge était d'en surveiller la stricte observance.

Une sentence du Châtelet du 28 février 1778, un arrêt en appel du 31 juillet 1781, déclarent que le contrat de vente ne serait *exécuté que pour la terre de Maisons, et qu'il serait annulé pour le marquisat de Poissy.*

Or, ces deux biens étaient possédés au même titre, aux mêmes conditions : ce qui consolidait l'un consolidait l'autre, ce qui portait atteinte à l'un portait atteinte à l'autre ; et voilà cependant qu'on les divise, qu'on reconnaît la substitution pour le marquisat de Poissy et qu'on l'annule pour le marquisat de Maisons, de Maisons qu'il était si agréable de posséder pour le roi et la famille royale !

Cette contradiction (2) était si choquante, qu'elle laissait nécessairement un recours : car, bien que cette terre de Maisons eût été donnée pour la moitié de ce qu'avait coûté le château cent vingt ans avant, le comte de Soyecourt ne pouvait ni laisser dépouiller sa famille de cette terre, ni renoncer aux deux millions qu'elle venait de rapporter (3). Ses instances commencées et ses réserves auraient peut-être amené un débat

(1) Tous ces détails rendent ce fait d'une haute importance nobiliaire. C'est pourquoi, dans le sujet que je traite, ai-je eu une double raison pour le mentionner.

(2) Une autre particularité offre une contradiction aussi forte.

(3) Le magnifique mobilier et les objets d'art du château de Maisons étaient en rapport avec ses bâtiments, lorsqu'en 1735 cette immense succession fut définitivement adjugée à

plus favorable; mais la justice ne brilla jamais par la
promptitude de ses formalités en si hautes questions, et
beaucoup d'événements survinrent qui ôtèrent la possibilité d'un résultat La question resta donc pendante.
Le comte (marquis) de Soyecourt avait succédé aux
autres substitutions et autres biens de sa maison, en
décembre 1791 ; il monta sur l'échafaud en 1794.
Mlle de Bérenger, sa femme, était morte dans la prison
de Sainte-Pélagie en 1793 (1).

Depuis ces époques, le château de Maisons avait été
vendu nationalement comme bien d'émigré (M. le comte
d'Artois était déclaré tel). Il appartint à différentes

la maison de Soyecourt. On reconnut néanmoins un droit à
la maréchale de Villars sur une partie du mobilier, et cette
partie fut estimée cent trente mille francs, que la maison de
Soyecourt acquitta pour laisser ce mobilier intact. Lors de la
vente à M. le comte d'Artois, la plus grande partie de ce mobilier fut transportée à Tilloloy et aux hôtels de Soyecourt à
Paris.

Le tableau de Saint Jean-Baptiste, par Raphaël, que le
Musée a revendiqué sur la succession du duc de Maillé, provenait du château de Maisons, etc., etc.

(1) Une nièce de la comtesse de Soyecourt, Françoise-Ca-
mille de Bérenger, duchesse de Saint-Aignan, fut condamnée
à mort avec le duc de Saint-Aignan, son mari, et elle allait
partir pour le supplice, lorsque le peuple, s'apercevant qu'elle
était grosse (elle avait oublié de le déclarer), la fit descendre
de la charrette, et, peu de jours après, la chute de Robes-
pierre assura son salut. Elle n'est morte qu'en 1827, mais on
trouve son nom sur les listes des malheureux qui ont été exé-
cutés. C'est un fait unique dans l'histoire de ce temps.

personnes, et fut acheté en dernier lieu par M. Laffitte.
Quand on le sut dans des mains si riches, on dut croire
à sa conservation; mais, après un assez grand nombre
d'années, la destruction de Maisons fut résolue en ce
qui concernait ses plus belles parties : les écuries et le
parc.

Tout cela existait encore en 1834, lorsque j'y fis une
promenade avec cet infortuné duc de Saulx, dont la fin
devait être si triste ! Nous trouvâmes le château loué au
riche M. Schikler; et les existences modernes sont si
peu de chose, que le château n'en paraissait pas moins
inhabité. Du reste, nul entretien des cours, des jardins, des écuries et du parc ; tout y ressentait l'abandon, tout y présageait la destruction et la mort.

DESCRIPTION DU CHATEAU DE MAISONS.

M. de Voltaire feint agréablement, dans son Temple du goût, que, lorsqu'il y arriva, le dieu s'amusait à faire élever, en relief, le modèle d'un palais parfait, suivant l'architecture extérieure du château de Maisons. Il a été bâti par François Mansart, pour René de Longueil, président du Parlement et surintendant des finances; il appartient présentement à M. de Soyecourt, qui est de la même famille.

On arrive à ce château, situé à une lieue en deçà de Saint-Germain, par trois avenues disposées en croix, et ayant chacune deux pavillons séparés par un fossé et décorés d'architecture.

La principale, percée de routes dans la forêt de Saint-Germain, a pour perspective deux gros pavillons ornés de corps de refend et de colonnes doriques portant des groupes d'enfants.

Ces pavillons forment les deux avant-cours.

Sur la gauche de la seconde s'élève un superbe bâtiment destiné aux écuries. Elles ont onze croisées de face et sont décorées de pilastres doriques, et terminées par deux pavillons à pans, avec des portes grillées ornées de trophées et de consoles.

Le milieu forme un avant-corps de six colonnes, qui portent autant de vases, et est surmonté d'un attique avec un lanternon où est l'horloge. Dans le centre de cet avant-corps, quatre pilastres composites font une rotonde couronnée d'un fronton et accompagnée d'une coquille et de trophées. On a sculpté des chiens sur le retable de la principale croisée. Un trophée soutenu par des lions et trois chevaux à mi-corps sert d'amortissement à la fenêtre du milieu du rez-de-chaussée.

Le plan de ce bâtiment est très curieux : on trouve au centre un grand manége couvert, accompagné d'écuries de chaque côté; au dessus du manége est une galerie, et au bout deux petites écuries; deux autres terminent, dans le fond, cette galerie, avec des passages qui vont à une grotte servant d'abreuvoir. Le logement des palefreniers est autour de ces bâtiments. Il y a de plus trois cours avec des dégagements.

Vis-à-vis de ces écuries, on devait construire un pareil bâtiment, dont il n'y a d'élevé que le portique du milieu.

Du côté de la cour, la façade du château, construit dans le goût antique, a pour décoration deux ordres d'architecture : le premier, qui règne tout au pourtour, est dorique ; le second est ionique antique, orné de quatre vases et surmonté d'un attique. Les deux pavillons carrés qui en occupent les extrémités forment des corps avancés, au devant desquels s'élèvent, à la hauteur de l'entablement dorique, deux autres corps de bâtiments servant de terrasse. La justesse de proportion de cette architecture n'est pas moins observée que le choix des ornements.

Sur les côtés de la cour, on a planté deux quinconces avec un bassin au milieu. Celui de la gauche est terminé par un joli bâtiment qui sert d'orangerie.

Il ne faut pas oublier de remarquer que le château est entouré de fossés secs, bordés d'une belle balustrade.

Le vestibule est décoré de colonnes et de pilastres doriques. Ces colonnes sont d'une seule pièce, et ont des cannelures séparées par des listaux dans le goût de celles du château des Tuileries, du côté du jardin.

Sur la corniche sont des figures d'aigles aux encoignures et quatre lunettes ornées de bas-reliefs. On admire les deux grilles de ce vestibule, travaillées en fer poli. Celle de la cour a cinq panneaux remplis par un pilastre à double balustre, entouré d'un ornement en entrelas à jour. Le dormant présente un Satyre couronné par des enfants, et terminé en rinceaux et fleurons. Le milieu de la grille, sur le jardin, est occupé par un cartouche ovale, que remplit un caducée entouré d'épis de blé et de feuilles de chêne. Ce cartouche est environné de quatre panneaux, de rinceaux et d'un guillochis avec des masques qui tournent tout autour. La première grille, qui est l'ouvrage d'un serrurier français, paraît supérieure à la seconde, par un Allemand. Elles sont d'une si grande beauté, qu'on les a enfermées dans des volets de bois.

A gauche du vestibule, on trouve l'antichambre et le salon tendu d'une tapisserie d'après Jordans.

L'escalier, placé sur la droite, est de forme ronde et construit en pierres de liais. Quoiqu'il soit très éclairé, il tire encore du jour d'un lanternon. A la hauteur du premier étage, cet escalier est orné de pilastres ioniques, entre lesquels sont de larges corniches portant des groupes d'enfants. Ils représentent, l'un, les trois arts de la peinture, de la sculpture et de l'architecture ; l'autre, un concert ; le troisième, l'Hymen et l'Amour ; le quatrième, l'art militaire. Au dessus de quatre portes, tant peintes que véritables, sont sculptés des médaillons entourés de listels.

A droite est l'appartement de la reine, dont les meubles sont de velours cramoisi avec des galons d'or. La tapisserie a été faite sur les dessins d'Albert Durer.

L'appartement du roi est vis-à-vis. On trouve d'abord la salle des gardes, éclairée par six croisées et tendue d'une tapisserie donnée à M. de Maisons lorsqu'il était chancelier de la reine-mère. A l'entrée de cette salle est une tribune faite en trompe, et en face une grande arcade avec une balustrade qui ferme la partie où est la cheminée. Les dessus des portes et des fenêtres offrent des figures et des fleurs peintes en camaïeu.

La chambre du roi a des meubles de velours violet galonné d'or ; elle communique à une autre chambre, ornée de cariatides dans un attique renfoncé au plafond. A côté est un joli cabinet rond, parqueté et lambrissé de pièces de bois de rapport très bien travaillées. Le pourtour des murs est embelli de pilastres doriques entremêlés de glaces, et le plafond forme comme un dôme.

Du côté du parc, qu'on dit avoir mille ou douze cents arpents, la face du château ne diffère de celle qui regarde la cour qu'en ce que le milieu forme un double avant-corps, et que par les croisées des deux pavillons on passe sur une terrasse soutenue de quatre colonnes doriques. On observera que le toit du château est couronné d'une terrasse bordée d'un balcon de fer.

Le long du bâtiment règne une magnifique terrasse, d'où l'on descend dans un parterre terminé par la rivière de Seine. Au pied de la terrasse, à gauche, entre les rampes de l'escalier, qui a la forme d'un fer à cheval, est une petite cascade consistant en cinq mascarons qui forment autant de nappes. De ce même côté, on a planté quelques salles ornées de figures en marbre.

LETTRE A L'ACADÉMIE FRANÇAISE

SUR

L'ABUS DES NOMS HISTORIQUES

(1842)

LETTRE A L'ACADÉMIE FRANÇAISE

SUR

L'ABUS DES NOMS HISTORIQUES

A MESSIEURS DE L'ACADÉMIE FRANÇAISE

LE COMTE DE SOYECOURT

MESSIEURS,

Reprocher à l'Académie française son indifférence pour la gloire du pays, l'accuser même de tolérer dans son sein l'insulte la plus grave que le pays puisse recevoir, serait un fait tellement monstrueux que l'Académie entière n'aurait qu'un cri pour le repousser.

Et cependant, Messieurs, ce fait se motiverait en apparence, si l'on ne se hâtait d'ajouter que cette apparence a pu échapper à vos yeux, et qu'il y a dès lors un grand intérêt pour vous à la connaître, comme un grand devoir pour moi à vous l'apprendre.

La gloire d'un pays, Messieurs, qu'est-elle autre chose, si ce n'est la réunion de toutes les gloires particulières ?

La gloire de la France est dans les batailles de Turenne comme dans les tragédies de Racine, dans la fidélité courageuse de Lhôpital et de Molé comme dans la charité de saint Vincent de Paul.

Retrancher, flétrir une de ces gloires que l'histoire consacre, que le temps ratifie, n'est-ce pas là un de ces crimes de lèse-nation que tous les amis de leur pays, tous les gardiens-nés de nos intérêts nationaux, doivent blâmer, désavouer, et, selon leur importance, empêcher et punir ?

Si un membre de l'Académie française, Messieurs, était reprochable d'un pareil oubli de ses devoirs ; s'il avait mérité que devant vous on l'accusât d'un pareil délit, le soumettre à votre impartialité et à votre sagesse, ne serait-ce pas attirer sur ce délit la véritable appréciation qu'il mérite ?

C'est pourquoi, après l'exposé de faits trop certains, Messieurs, je n'aurai plus qu'à vous en laisser la définition et la conséquence, persuadé que vous ne voudrez pas plus approuver ce qui est mal qu'encourir une solidarité aussi fâcheuse.

Un mot d'abord, Messieurs, sur l'académicien qui a motivé ce préambule, sur cet académicien qu'il faut bien nommer, sur M. *** enfin, dont je ne m'attendais guère à être le justicier, et auquel nous devons tous assez de soirées agréables pour qu'aucune disposition malveillante puisse exister à son égard.

M. *** ne comptait donc en moi qu'un approbateur de plus dans sa réputation littéraire, ajoutant cependant, pour bien exprimer ce que je pense, qu'en reconnaissant à M. *** tout l'esprit nécessaire pour réussir, il a su y joindre l'adresse d'un certain système flagorneur envers une classe qui, toute froissée encore des lazzis et des quolibets qui avaient salué son origine, se trouva très heureuse et très fière des rôles distingués que M. *** lui donnait dans ses pièces.

Ce fait que je signale, Messieurs, n'est point un blâme pour M. ***; il n'a rien de précisément contraire à la loyauté. M. *** a pu penser ce qu'il a dit, croire le monde ce qu'il aurait désiré qu'il fût.

Aussi ne troublerai-je nullement M. *** dans cette carrière, et le laisserai-je arriver au seuil de ce temple dont toutes les célébrités ambitionnent l'admission, et qui, s'ouvrant pour M. ***, compléta l'existence la plus heureuse à laquelle un homme de lettres puisse arriver.

Comment alors ne pas supposer M. *** satisfait? Comment ne pas le supposer bienveillant à force de bonheur, incapable surtout de ces pensées d'envie, de ces velléités calomnieuses que la misère excuse, mais qui ne devraient jamais sortir de ces existences couleur de rose?

Et cependant c'est un si heureux moment de sa vie que M. *** aurait choisi pour gâter son passé inoffensif! C'est au milieu de cette atmosphère parfumée que ce papillon, tout à coup devenu féroce, aurait prouvé la volonté de nuire!

Le récit qui va suivre, Messieurs, vous mettra à même d'apprécier la justesse de ces reproches, et d'y joindre, s'il y a lieu, toute l'autorité des vôtres.

Une grande race, couchée dans son tombeau, n'a-

vait laissé dans l'histoire que le souvenir d'actions héroïques, de talents héréditaires et de nombreux trépas
sur les champs de bataille. Ces faits glorieux et souvent
répétés étaient connus de tous ; on ne parlait d'une telle
race qu'avec attendrissement et respect, et nul, certes,
n'aurait voulu la choisir pour y inventer un personnage
odieux, méprisable et ridicule.

La comédie, d'ailleurs, a ces noms de convention
qui, malgré la ressemblance des portraits, sauvent les
auteurs du danger et du reproche d'une insulte person-
nelle.

A M. *** cependant il a fallu la réalité d'un nom,
pour que ce nom, d'illustre et d'honoré qu'il était, devînt
odieux et avili, le faussant sur tous les points, affligeant ceux qui tiennent à ce nom, et ceux qui, sans y
tenir, ont le cœur assez bien placé pour s'affliger d'une
calomnie qui atteint une de leurs gloires nationales !

Le sieur *** est donc accusé devant vous, Messieurs,
d'avoir outragé par une fiction injurieuse l'un des noms
les plus honorables aux pays, celui des marquis de
Feuquières.

La connaissance des maisons historiques vous appartient, Messieurs, comme tout ce qui est du domaine
de l'intelligence et du savoir. Il me faut néanmoins
rapprocher ici le tableau vrai de ce qui est du tableau
mensonger de ce qui n'est pas : la notice qui suit est
donc d'une absolue nécessité ; elle instruira, d'ailleurs, quelque honnête homme, qui peut encore avoir
besoin de l'être, dont l'opinion a beaucoup de prix, et

chez lequel chaque jour on tente d'effacer ces souvenirs.

La tentative contraire devra certainement, Messieurs,
vous avoir pour approbateurs et pour appuis.

La maison de Pas, en Artois, qui est celle des marquis de Feuquières, est l'une des plus anciennes du
royaume.

Elle remonte, par filiation exacte et *non interrompue*,
à Anselme, seigneur de la ville de Pas, haut baron
d'Artois, vivant en l'an 1040.

L'étrange confusion, l'étrange envahissement des
prétentions nobiliaires, ne rend pas inutile de dire que
cent maisons de la noblesse française remontent à peine
à l'an 1400, et que sur ces cent maisons dix au plus
remontent jusqu'au onzième siècle avec preuves suffisantes, et non avec les seules présomptions, qui, fortes,
faibles ou sans valeur, n'ont d'autre garantie qu'une
prétention rêveuse ou l'assertion amicale d'un pamphlé-
taire contemporain.

La maison de Pas s'est illustrée aux croisades par
plusieurs chevaliers célèbres, dont on se bornera à citer
Anselme IV, baron de Pas, qui, dans la forteresse d'Aa-
ron, résista à Saladin, soudan d'Egypte, qui l'assiégeait avec quarante mille hommes. Cette résistance donna le temps à Baudouin, roi de Jérusalem, de venir le
secourir et de faire lever le siége.

Guillaume, archevêque de Tyr, qui en a raconté les
particularités, dit que « cette importante place eût

« été infailliblement prise si elle n'avait eu pour défen-
« seur Anselme, seigneur de Pas, homme noble et
« vaillant dans les armes, religieux et craignant
« Dieu. »

L'héritière de Feuquières porta cette importante terre
dans la maison de Pas en l'an 1320.

Après une descendance dont tous les anneaux existent dans l'histoire, on arrive à François de Pas, seigneur de Feuquières, premier chambellan du roi Henri IV, maréchal de ses camps et armées, gouverneur
de Péronne, Montdidier et Roye. Il avait eu ses deux
frères tués devant Paris et devant Doullens, et mourut
lui-même à la bataille d'Ivry le 14 mai 1590 (1).

> Plus loin sont La Tremouille, et Clermont et Feuquières,
> Le malheureux de Nesle et l'heureux Lesdiguières ;
> D'Ailly, pour qui ce jour fut un jour trop fatal.
> Tous ces héros, en foule, attendaient le signal,
> Et, rangés près du roi, lisaient sur son visage
> D'un triomphe certain l'espoir et le présage.
>
> . . . .
>
> . . . .
>
> Dans la foule des morts il voit tomber Feuquières
> Nesle, Clermont, d'Angenne, ont mordu la poussière.

(La Henriade, de Voltaire.)

(1) Ils avaient pour oncle celui que l'histoire désigne sous
le nom du *jeune Feuquières*, maréchal de camp, qui mourut à
l'attaque de La-Charité-sur-Loire, dont il s'empara, et entra
mourant et vainqueur dans la ville. Sa veuve épousa le fameux Duplessis-Mornay, dont elle n'eut que des filles, l'une
duchesse de La Force.

Henri IV, témoin de cette mort, s'écria les larmes aux yeux : « Ventre saint-gris ! le brave homme ! N'y en a-« t-il plus de cette race ? »

On lui dit que la veuve est grosse.

« Eh bien ! je donne au ventre les pensions que cet-« tuy-cy avoit. »

Cette veuve était Madeleine de La Fayette qui, avec la duchesse de La Tremouille, étaient les dernières descendantes du maréchal de La Fayette sous le roi Charles VII. Les marquis de La Fayette d'aujourd'hui sont d'une branche collatérale séparée depuis l'an 1300, mais issue aussi de la maison de Motier, quoi qu'en ait pu dire un des plus hardis falsificateurs de nos jours.

Le fils posthume de cette alliance a été Manassès de Pas, marquis de Feuquières, l'un des grands généraux de son siècle, et chargé des ambassades les plus importantes.

Sa vie et ses négociations, publiées en trois volumes, offrent les preuves de sa haute capacité et du caractère le plus héroïque.

Il commanda plusieurs fois en chef les armées du roi, et, en dernier lieu, ayant été forcé d'assiéger Thionville avec une armée beaucoup moins forte que celle qui lui avait été promise, il fut attaqué par Piccolomini, qui, à la tête d'une armée très supérieure en nombre, venait secourir la place.

Le combat dura tout le jour, et Feuquières, couvert de blessures, le bras droit cassé près de l'épaule, tomba de son cheval évanoui par la perte de son sang, et fut emporté prisonnier dans la ville.

Vainement le roi fit faire des offres pour sa rançon : elles ne furent acceptées que l'année suivante.

C'est alors que Feuquières, élevé au rang de maréchal de France et de gouverneur de M. le Dauphin, depuis Louis XIV, allait rentrer dans sa patrie, lorsque ses blessures se rouvrirent, et que sa mort, survenue le lendemain, donna lieu à des soupçons d'empoisonnement.

Une lettre du général prince Piccolomini, écrite à sa veuve, rend témoignage des qualités héroïques qui le distinguaient.

Son corps, repris par le prince de Condé, fut inhumé dans la cathédrale de Verdun, qui était l'un de ses gouvernements.

C'est de son temps que l'ancien château de Feuquières fut détruit en grande partie par un incendie. Le roi Louis XIII, se rendant à son armée de Flandre, et voyant les traces de cette dévastation, qui n'avait pas encore été réparée, dit ces paroles honorables :

« Feuquières songe plus à mes affaires qu'aux « siennes. »

Il avait épousé Anne Arnauld de Pomponne, dont le frère fut gouverneur de Philisbourg et colonel général des carabins, et dont le neveu fut le célèbre ministre marquis de Pomponne.

Des huit enfants de cette alliance, l'aîné fut Isaac de

Pas, marquis de Feuquières, chevalier des ordres du roi, lieutenant général de ses armées, conseiller d'État ordinaire, gouverneur de Metz, Toul et Verdun, vice-roi d'Amérique, ambassadeur extraordinaire en Suède et en Espagne, où il est mort en 1688.

Célèbre dans la guerre et dans les ambassades, il épousa Anne de Gramont, fille d'Antoine, duc de Gramont, et de Claudine de Montmorency-Luxembourg, dont il eut plusieurs enfants :

1° Antoine de Pas, marquis de Feuquières, qui suit ;

2° François de Pas de Feuquières, comte de Rebenac, par mariage avec l'héritière, dont il n'a laissé que trois filles, mariées aux marquis d'Ossun, de Souvré et de Sainte-Colombe, etc.;

3° Charles de Pas de Feuquières, chevalier de Malte, capitaine de vaisseau, tué à la bataille de Saint-Denis, près de Mons ;

4° Henri de Pas de Feuquières, chevalier de Malte, capitaine de vaisseau, tué d'un coup de canon en Sicile ;

5° Jules de Pas, comte de Feuquières, colonel du régiment de Feuquières, etc., épousa pour sa beauté la riche héritière du célèbre peintre Mignard, et n'en a pas eu d'enfants ;

6° Philibert de Pas de Feuquières, évêque d'Agde ;

7° Simon de Pas, chevalier de Feuquières, capitaine de vaisseau, mort au Havre-de-Grâce d'une cuisse emportée au combat de la Manche ;

8° Louise-Catherine, mariée au fils du premier pré-sident du Parlement de Navarre.

Antoine de Pas, marquis de Feuquières, lieutenant général des armées du roi, gouverneur de Verdun et des ville et citadelle de Bordeaux, lorsqu'on craignait une descente des Anglais en 1689. Il fut un des grands généraux de son temps, et a laissé d'excellents mémoires sur la guerre. Participant à la disgrâce du maréchal de Luxembourg, son oncle, il ne fut point élevé au rang de maréchal de France, où l'appelait depuis long-temps l'opinion publique, et dont sa valeur, ses talents et ses succès l'avaient si bien rendu digne. Ses campagnes de Savoie, de Piémont, d'Italie et d'Allemagne, seront à jamais célèbres.

Il est mort en 1711, ayant épousé en 1695 Marie-Thérèse-Geneviève de Monchy d'Hocquincourt, fille et unique héritière des maréchaux et marquis de ce nom. De ce mariage : un fils, qui n'a pas laissé de postérité, et une fille, Pauline Corisande, devenue héritière des deux maisons, et mariée en 1720 au marquis de Soyecourt.

Le marquis de Soyecourt, mort en 1738, et la marquise de Soyecourt, morte en 1742, laissèrent trois fils mineurs :

L'aîné, émancipé par mariage, épousa à l'âge de 16 ans, la fille du duc de Beauvilliers de Saint-Aignan, pair de France.

Les deux autres, marquis de Feuquières et comte de

Soyecourt, furent placés sous la tutelle du duc de Gesvres et du président Molé, leurs cousins.

Telle est, Messieurs, l'histoire de la maison de Feuquières, qui, comme vous le voyez, est une des vieilles races du pays, des plus dévouées à son service, des plus intimement liées à sa gloire.

La considération qu'elle mérite établit d'autant mieux le blâme que j'ai exprimé sur les injustes assertions dont elle a été l'objet.

Comment trouver, comment supposer ici un *marquis de Feuquières, gouverneur sans humanité et sans conscience, gentilhomme ruiné, épousant une créole pour son argent, mari brutal et libertin, amant bafoué d'une esclave mulâtresse ?...*

Oter ainsi à un tel nom sa valeur morale, le jeter ainsi démonétisé dans une nouvelle circulation, n'y a-t-il pas là une action qui pour personne n'aurait de prétexte ni d'excuse ?

L'Académie, qui n'aura jamais à prononcer dans une question plus grave, et l'on peut dire plus actuelle, réunira dans sa décision le double avantage d'atteindre les détracteurs de notre vieille histoire, soit qu'ils souillent de grands noms, soit qu'ils attribuent de grands souvenirs à ceux qui n'y ont aucun droit. Un livre beaucoup trop fameux en ce genre recevra bientôt la réfutation qu'il mérite.

Quant à M. ***, Messieurs, il a prouvé qu'avec des *flons-flons* d'opéra-comique on pouvait égaler ces pamphlétaires dans leur malveillance comme dans leurs erreurs.

Ce n'est certes pas là ce que l'Académie déclarera une conduite tolérable pour l'un de ses membres, qui, rappelé au contraire à ses devoirs, apprendra, il faut l'espérer, que, lorsqu'on y manque, l'Académie renferme bien moins des confrères que des juges.

J'ai l'honneur d'être avec la plus haute considération,

Messieurs,

Votre très humble et très obéissant serviteur,

LE COMTE DE SOYECOURT.

NOTE

Cette lettre, envoyée à l'Académie française le 28 septembre 1842, fut aussi envoyée aux journaux, et publiée chez Techener, libraire, place du Louvre, n° 12.

Elle est annoncée dans le *Journal des Débats*, le *National*, la *Presse*, le *Galignani* et autres.

La Quotidienne lui a consacré un article très remarquable dans son feuilleton du 30 octobre 1842.

La pièce objet de la réclamation et de la plainte n'a plus paru au théâtre depuis le 22 novembre 1842.

L'auteur, revenu ainsi à des sentiments équitables, a bien voulu donner cette satisfaction à l'Académie et à celui qui, soutenant une cause qui lui est chère, y joignait le regret de voir l'un des premiers auteurs dramatiques de notre époque se déconsidérer par une fiction injurieuse envers un des noms les plus honorés de l'ancienne France.

Puissent désormais les occasions se montrer fréquentes où l'on verra l'intelligence et l'esprit en parfait accord avec le bon sens et la justice !

QUELQUES RÉFLEXIONS

SUR

CE QUI SE PASSE

OU

REMARQUES HISTORIQUES

ET LITTÉRAIRES

—

(1851)

QUELQUES RÉFLEXIONS

SUR

CE QUI SE PASSE

I

Répandre des vérités ce n'est pas devancer l'avenir, c'est le faire ; et effectivement , en bien comme en mal, rien ne s'édifiera jamais que sur des fondations déjà établies , d'après des plans déjà tracés, que l'on décorera inutilement du nom d'invention et de progrès.

Dans les idées fausses revêtues de belles paroles, il y a une grande injustice pour ceux qui précèdent, et un grand danger pour ceux qui suivent.

Rendre quelques unes de ces idées à leur véritable valeur est donc un service, un avertissement salutaire, qui guidera dans l'examen du reste ; et qui ne permettra plus au voyageur de déposer ses armes à l'entrée d'une forêt où tant de périls l'attendent.

Ceux qui croient que les événements qui passent sous

nos yeux deviendront de l'histoire, avec leur intégrité, le sens qu'on leur connaît, la portée qu'on leur suppose, tombent dans une étrange erreur, et ne connaissent guère l'époque où nous avons le bonheur de vivre.

Les événements qui passent sous nos yeux et qui valent la peine qu'on s'en occupe se divisent ordinairement en deux portions : l'une, vouée, autant que possible, à l'oubli; l'autre, travestie avec tant d'art qu'elle s'adapte à la cause que l'on soutient, à la haine que l'on satisfait, à la cupidité ou à l'orgueil dont on veut assurer le triomphe.

Il n'y a que trop d'occasions de remarquer les avalanches de paroles, les interminables discours qui ôtent la clarté à toute chose, justifient ce qui est injustifiable, jettent le blâme sur ce qui est le droit et la raison.

Rencontrer un homme qui avoue franchement ses torts, qui ne les dissimule pas chez ceux dont il a suivi la bannière, est une espèce de phénix, que nos églises si remplies et nos sermons entendus chaque jour devraient pourtant rendre moins rare.

Mais c'est que l'on ne prend de la dévotion que ce qu'elle a de flatteur et de commode, ce qui lave un passé fâcheux, ou assure le succès d'une entreprise dont il faut éloigner le soupçon.

Mais prendre de la dévotion ce qu'elle a de gênant et de rigoureux dans ses conséquences, c'est à quoi peu de personnes songent, et ce dont on a bien la preuve par l'immuabilité des fortunes, la persistance en certaines voies, la conservation de ce que la conscience rejette.

Une des plus charmantes réponses est celle du fameux prédicateur Bourdaloue, auquel le roi Louis XIV demandait ce qu'était un père Sébastien, capucin, dont tout Paris voulait entendre les sermons :

« Sire, on rend après ses sermons toutes les bourses que l'on coupe aux miens. »

On ne pouvait, avec une modestie plus aimable, mieux faire sentir la différence de ce qui n'est que le beau langage avec l'éloquence vraie qui va au cœur.

II

Sur des milliers de traits de la charité chrétienne moderne, en voici un qui m'a frappé :

Un pauvre musicien, joueur de basse, demande à être entendu sur le théâtre de Livourne. Il est apparemment sans protection, car aucune disposition amie n'est prise en sa faveur. Dès le commencement du morceau qu'il exécute, les rires éclatent; il continue de jouer : les rires et les huées redoublent; il joue toujours sans être entendu : les vociférations augmentent. Ses pleurs coulent, sa figure change; mais on voit à ses mouvements qu'il joue encore, et le tapage se maintient. Il reste enfin immobile; mais comme il ne quitte pas la place, aucun de ces braves gens, de ces chrétiens, ne veut se taire. On en vient pourtant à trouver cela étrange; la coulisse s'en émeut; on approche : il était mort !

Il faut croire qu'un amour-propre blessé n'a pas suffi pour causer une telle émotion ; il y a dans cette mort comme un désespoir de mari ou de père, qui, dans l'impossibilité de tirer parti de son art, voit son avenir détruit et le pain arraché à sa femme et à ses enfants.

Alors, ce n'est plus seulement touchant, ce serait sublime !

III

Les révolutions, qui semblent particulièrement faites pour supprimer la noblesse, finissent, au contraire, par en engendrer une nouvelle, se réunissant à l'ancienne, qui, quelque chose que l'on fasse, semble ne pas pouvoir périr. C'est toujours, en un mot, l'histoire de l'élève du sorcier qui, cassant le manche à balai, augmente à chaque fois ce dont il voulait se débarrasser.

A l'ancienne noblesse s'est jointe celle de 1804; à cette dernière, celle de 1830; et rien ne dit que 1848 n'aura pas ses dignitaires, ses titres et ses illustrations.

IV

Voici un des traits touchants de la vie de Jésus-Christ, dont la citation se trouve dans les OEuvres du chevalier de Méré :

« Notre Seigneur disait à une femme qui lui deman-
« dait une grâce, et qui n'était pas Israélite, qu'il ne
« faut pas donner aux chiens le pain des enfants.

« — Encore, Seigneur, répondit-elle, les petits
« chiens ne laissent pas d'amasser les miettes qui tom-
« bent sous la table des enfants.

« Cela ne se pouvait mieux dire ni mieux penser,
« et le Seigneur fit paraître la joie qu'il en eut, et lui
« accorda ce qu'elle avait souhaité. »

———

V

Les deux magnifiques alliances qui donnèrent tant
de puissance à la maison d'Autriche sont parfaitement
exprimées dans ce distique :

Bella gerant fortes; tu felix Austria, nube :
Nam, quæ Mars aliis, dat tibi regna Venus.

La maison d'Autriche s'étant ensuite éteinte dans la
maison de Lorraine, élevée par elle à l'Empire, j'ai
paraphrasé ainsi le distique, en y comprenant ce grand
et dernier événement (c'est la maison d'Autriche qui
parle) :

Ce qu'on n'obtient de Mars qu'avec travail et peine,
Je l'obtins de Vénus, la blonde souveraine,
Qui, grâce aux doux bienfaits du lien conjugal,
Me fit produire un roi qui n'eut jamais d'égal.
Puis, deux siècles passés, ma race tout entière
N'ayant plus pour soutien qu'une jeune héritière,

Les sceptres qu'autrefois je reçus de l'amour,
Mon cœur reconnaissant les transmit à son tour.

Le roi qui, dans les temps modernes, n'eut jamais
d'égal, est l'empereur Charles-Quint, qui, plus que
Charlemagne, joignait l'empire du Nouveau-Monde à
celui du vieux continent, et faisait dire que le soleil ne
se couchait jamais sur ses états.

VI

Quand mourut M. Michaud, fondateur de *la Quoti-dienne* et éditeur des œuvres de Jacques Delille, on parla nécessairement de ce dernier, et, dans un article concernant les deux personnages, on en vint à dire que Jacques Delille avait fait céder ses opinions royalistes à son admiration pour Napoléon, et qu'il lui avait adressé des louanges.

Il n'y aurait là rien de bien extraordinaire, et d'autres royalistes lui ont payé ce tribut; mais, quant à Jacques Delille, il est une exception en ce genre, et, puisqu'il est aussi recommandable par la constance de son attachement aux Bourbons malheureux que par son talent poétique, il faut rectifier un fait de la plus complète inexactitude.

Car pas un seul vers des œuvres de Jacques Delille ne célèbre la gloire impériale, et, s'il refusait ainsi son hommage de poète à Napoléon, qu'eût fait celui-ci de sa prose ? Ne sait-on pas aussi que les notes qui accompagnent ses poèmes étaient de M. Michaud, et non de lui ?

Voici comment, dès ma première jeunesse, ma conviction était établie à cet égard :

Ma mère était grande admiratrice de Jacques Delille. Désirant beaucoup le connaître, elle lui adressa par la comtesse Potoska, son amie, une invitation à dîner, à laquelle se trouvait jointe une parodie flatteuse de quelques uns des vers du grand poète.

Ainsi ces vers sur Virgile et sur l'Italie :

Hélas ! je n'ai pas vu ce séjour enchanteur
Qui ravit mon esprit et qui charme mon cœur ;
Mais, j'en jure et Virgile et ses accords sublimes,
J'irai, de l'Apennin je franchirai les cimes,
J'irai, plein de son nom, plein de ses vers sacrés,
Les lire aux mêmes lieux qui les ont inspirés !

étaient devenus, avec quelques changements, applicables à la circonstance.

La réponse de Jacques Delille fut, comme on le pense bien, une acceptation très aimable, formulée en jolis vers, dont j'ai le regret de ne pouvoir me rappeler qu'un seul :

Vos vers unis aux miens sont pour moi des leçons, etc.

A ce dîner, qui fut suivi de plusieurs autres, était parmi les convives le comte A. de R...., excellent homme du reste, mais si ardemment enthousiaste des gloires d'alors, qu'il ne réfléchissait pas toujours à ce que son expression pouvait avoir de peu sympathique avec les personnes présentes.

Voilà donc que, dans un zèle impérialiste dont sa tête légère ne calculait pas la portée, il adresse tout à coup à madame Delille cette question :

« Pourquoi donc, Madame, M. Delille n'a-t-il en-
« core rien fait pour l'Empereur? C'est un si grand
« homme ! »

La réponse à cette question était un grand embarras, ou pouvait devenir très compromettante pour madame Delille. Chacun l'attendait donc avec anxiété, et l'on fut agréablement surpris lorsque, surmontant sa position difficile, elle répondit :

« Monsieur, M. Delille n'est pas un poète de circon-
« stance. »

Certes en exprimant sa pensée elle ne pouvait le faire avec plus de prudence et de mesure.

Pour en finir avec cette anecdote, il est juste d'ajouter que, si Jacques Delille se priva, par son refus, de tout ce que la munificence impérale eût versé sur lui, il n'eut jamais à en éprouver de témoignages contraires. On ne le gêna point dans la publication de ses œuvres, où se retrouvent souvent et l'éloge des princes malheureux, et le regret de leur exil, et les plaintes si touchantes sur ceux que le sort avait frappés sans retour.

VII

J'ai passé l'année 1845 à la campagne, où j'ai eu à m'occuper d'une propriété long-temps négligée, et de la poursuite d'une trahison dont j'ai eu et dont j'aurai encore long-temps à souffrir. Le tribunal, à cause du retard que je mis forcément dans cette poursuite, ne m'accorda qu'une satisfaction incomplète; mais il jeta assez de blâme sur ceux dont j'avais à me plaindre pour que, comme me le dit mon avocat, cet exemple arrêtât un peu leurs imitateurs.

C'est pendant cette année qu'au retour d'un petit voyage dans les environs, j'appris qu'un monsieur s'était présenté chez moi chargé d'une mission de madame la duchesse Deçazes, et témoignant un grand déplaisir de ne pas m'avoir rencontré.

Un mois s'écoula ainsi, lorsqu'on vint m'annoncer ce

même monsieur, qui se dit effectivement chargé par madame la duchesse Decazes de me demander communication des pièces et documents que je pouvais posséder relatifs à l'ancienne maison de Feuquières, madame Decazes se proposant d'en faire l'insertion dans un ouvrage qui allait bientôt être publié.

Mes raisons pour répondre à cette demande par un refus, je n'ai pas à les donner ici ; ce que je puis dire, c'est que, sans avoir l'intention de rien faire de personnellement désagréable à madame la duchesse Decazes, il est des questions avec lesquelles il ne m'est pas possible de me montrer inconséquent.

Et néanmoins, le croirait-on ? ce refus me coûta à exprimer à une personne faisant soixante lieues pour un résultat si contraire.

Et puis parceque, cette personne, je devais avoir grand plaisir à faire sa connaissance, recevant, dans cette occasion, l'assurance de son dévoûment et de celui de sa famille, dont je n'étais pas personnellement connu, mais qui agissait en cela avec un discernement dont les esprits droits et les cœurs honnêtes conservent seuls le privilége.

VIII

La simplicité apparente de certains faits trompe souvent les historiens, qui les dédaignent, quand de plus habiles y verraient un ample sujet de commentaires et une utilité immense dans leur imitation.

Ainsi, par exemple, je n'ai lu que dans un seul ouvrage contemporain cette anecdote sur Louis XVI, qui est un enseignement de tout ce qu'un souverain peut gagner à s'assurer par lui-même et à l'improviste de ce qui se passe dans son royaume :

« Le 27 février, trois inconnus se présentent à
« l'Hôtel-Dieu, avec un ordre de M. l'archevêque pour
« que toutes les salles leur fussent ouvertes, et qu'on
« leur donnât tous les éclaircissements qu'ils pouvaient
« désirer. La sœur qui m'en a fait le récit désigna sous
« le nom de *gros homme* celui des trois qui faisait le

« plus de questions. Il importuna tellement une ser-
« vante grossière, qu'elle lui dit qu'elle avait bien
« autre chose à faire que de lui répondre, et qu'ils pou-
« vaient tout savoir puisque tout était ouvert devant
« eux. Ces trois observateurs paraissaient émus de la
« plus vive compassion à la vue des malades entassés
« les uns sur les autres ; le gros homme surtout avait
« l'air à la fois indigné et attendri. Ils parlaient très
« bas les uns avec les autres ; enfin ils sont sortis et
« remontés dans le carrosse de place qui les avait ame-
« nés. Le gros homme était coiffé d'une perruque ronde
« très mal peignée, et vêtu d'une méchante redingote.
« Une femme qui le vit monter en voiture remarqua
« qu'il avait plusieurs montres. « Celui-là, dit-elle,
« devrait bien vendre une de ses horloges pour acheter
« une autre redingote. » Le second et le troisième
« étaient dans un costume à peu près semblable. — On
« assure que c'étaient le roi, Mgr le comte d'Artois et le
« capitaine des gardes. »

C'est ainsi que procèdent les princes quand ils veulent connaître la vérité ; mais cela ne leur arrive pas
souvent. Un moyen si simple, si infaillible, n'est pas
du goût de leurs conseillers. Que les princes veuillent
visiter les établissements publics, on en prévient plusieurs jours d'avance, et dans les hôpitaux, par exemple, cela leur assure, avec de très belles harangues,
de très excellent bouillon.

IX

Une loi de la moralité la plus contestable a eu, pendant plus de vingt ans, cours en France : c'est celle du divorce et du second mariage qui pouvait s'ensuivre. De façon qu'une femme se trouvait en présence de ses deux ou trois maris vivants, un homme de ses deux ou trois femmes vivantes.

Cette loi trouva enfin le pape inflexible, et il y posa les limites de sa complaisance, ce qui fait que, ces mariages n'étant point consacrés par la religion, les enfants qui en étaient issus, quoique légitimés par la loi, n'étaient qu'enfants adultérins aux yeux de l'Église. Ces enfants néanmoins, grâce au mariage civil, recueillirent tous les avantages dont leurs parents jouissaient dans le monde, et cette tolérance pour de pauvres êtres bien innocents de ce que l'Église réprouvait ne fut blâmée par personne.

D'où vient donc que, dans ce même pays, et à quelques années de distance, on repoussa comme immorale
cette loi du gouvernement provisoire qui accordait
5 francs par mois à la pauvre fille séduite qui élèverait
son enfant?

Est-ce que la pauvre fille séduite ne rachète pas gran-
dement sa faute par les soins qu'elle donne à son enfant
et les privations qu'elle s'impose ?

Est-ce que l'humanité ne parle pas autant pour ces
pauvres enfants sans pain comme elle a parlé pour ces
enfants de la richesse et de la puissance? A ceux-ci
vous laissez la fortune et les titres : pourquoi ne pas
laisser à ceux-là le pain qui leur permet à peine de
vivre ?

X

Le roi de Prusse Frédéric le Grand fut, dans le cours de ses campagnes, si complétement battu à Chodmitz, devant Prague, qu'il se retira en désordre jusqu'à Berlin ; et cependant, depuis et alors, ni Prussiens, ni Français, ni Autrichiens, ne pensèrent à le couvrir de ridicule ; il fut loué au contraire de n'avoir pas perdu courage, et d'avoir si bien rétabli ses affaires qu'il a laissé la Prusse royaume et augmentée de plusieurs provinces.

A cinq mois de cette éclatante défaite du roi de Prusse, le prince de Soubise est battu à Rosback, où ses dispositions de bataille furent louées par les meilleurs généraux ; il obtint ensuite d'assez nombreux avantages dans les guerres où il commandait, et il n'y a pas assez de moqueries pour sa mémoire, parceque telle était déjà notre époque, où l'on peut pardonner au général, mais où l'on se déclare sans justice et sans pitié pour le grand seigneur.

Comme grand seigneur donc, le prince de Soubise pourra être choisi entre mille, non seulement comme preuve de la magnificence et des bienfaits nombreux répandus par la haute noblesse d'autrefois, mais particulièrement comme témoignage de son dévoûment à la patrie et de l'abnégation de sa personne dans une situation où ceux qui la calomnient auraient bien souvent une conduite toute différente.

Et, effectivement, n'est-il pas digne d'admiration et de louange que, par un sentiment d'honneur, on s'arrache à la vie brillante des cours, à la jouissance des plus magnifiques domaines, à la séduction de tout ce que le luxe et la grandeur peuvent exercer, pour se jeter dans une carrière remplie de tant de labeurs et de périls?

En lisant la généalogie des familles illustres, on est frappé à chaque instant de ces morts à la fleur de l'âge, qui laissaient à peine entrevoir les avantages nombreux dont l'honneur avait fait d'avance le sacrifice.

Le prince de Soubise suivit et donna ces nobles exemples.

Charles, duc de Rohan-Rohan, maréchal et prince de Soubise, né en 1715, entra au service comme mousquetaire, étant âgé de seize ans, et fut successivement guidon des gendarmes à l'âge de dix-sept, capitaine-lieutenant à l'âge de dix-neuf, brigadier des armées à vingt-cinq, et maréchal de camp à vingt-huit.

Employé aux armées du Rhin, il combattit à la bataille d'Ettingen.

Aide de camp du roi, il servit sous lui à l'armée de Flandre, aux siéges de Menin, d'Ypres et de Furnes.

Il servit au siége de Fribourg, où il monta à la tranchée et eut le bras cassé d'un coup de pierre.

Il combattit à Fontenoy, concourut à la prise de Tournay, combattit à Raucoux et à Lawfeld.

Lieutenant général en 1748, gouverneur de Flandres et grand-bailli de Lille en 1751, il commanda dans un grand nombre d'occasions, et entre autres l'armée auxiliaire des Français jointe avec les troupes de l'Empire.

Il fut défait à Rosback en 1757, et voici ce qu'on dit de lui en une occasion qui était d'ailleurs d'un intérêt assez secondaire pour la France :

« ..... Il avait fait une très belle disposition. Il or-
« donna aux hussards autrichiens de se porter sur un
« rideau pour reconnaître les Prussiens; ce qu'ils ne
« firent point. Il y alla lui-même, et, trouvant la cava-
« lerie prussienne qui débordait l'armée française, il
« chargea les ennemis à la tête de la cavalerie alle-
« mande. Le choc fut rude; mais la cavalerie prus-
« sienne, quoique maltraitée, se rallia. L'infanterie
« française, attaquée par la prussienne, et prise en
« flanc par la cavalerie, fut obligée de se retirer, etc. »

Le prince de Soubise commanda ensuite en Hesse, à Friedberg, s'empara de plusieurs forteresses, fit payer un impôt de quatre millions à la ville d'Hanovre , défit l'armée ennemie sur les bords de la Vera, et fit huit cents prisonniers à Lutzelberg.

C'est commandant sous ses ordres que le duc de Broglie défit les ennemis à Sunderhàusen.

Créé maréchal de France en 1758, il remporta de nombreux avantages en Allemagne, revint à la cour en 1759, fut fait ministre d'État, étant alors âgé de quarante-quatre ans, etc.

Certes, voilà une carrière honorablement remplie ; et puisque tous les généraux ne peuvent être des Condé et des Turenne, du moins faut-il reconnaître que celui-ci méritait dans la plupart des souvenirs une autre place que celle qu'on lui donne. Mais envers qui l'histoire moderne se montre-t-elle équitable ?

Dans un vaudeville, fort amusant du reste, il y a un prince de Soubise, personnage bafoué, qui court les cabarets pour retrouver une actrice. Les spectateurs s'amusaient beaucoup de la niaiserie du prince, qui répétait toujours les phrases prononcées par un maître de danse , sans lequel il paraissait ne pas pouvoir trouver à dire un seul mot.

C'était, ma foi, bien la peine d'avoir été duc de Rohan-Rohan, maréchal prince de Soubise, et d'avoir consacré la meilleure partie de sa vie à faire de son mieux pour le service de la France !

XI

Il y a, dans les gouvernements nouveaux, la nécessité ou la manie de présenter sous un jour odieux le
gouvernement auquel ils succèdent, et auquel ils ne
succèdent pourtant qu'après s'en être fait agréer, avoir
promis de le servir et avoir reçu de luï ce commencement de force avec laquelle, plus tard, ils pourront le
renverser et le combattre.

Il y a donc peu de possibilité pour eux d'échapper à
un certain reproche de trahison et d'ingratitude, qui
ternissent les plus brillantes qualités, et qui devraient
jeter quelque embarras dans leur contenance.

XII

J'ai toujours été surpris que, sous les rois de la Restauration, on ait conservé cette dénomination de *Chambre des Pairs*, qui, à bien dire, ne devrait être nommée que *Chambre des Notables*. Ce mot de pair, qui réveillait toutes les idées de féodalité et de grandeur, ne s'alliait pas aux institutions nouvelles; et, depuis surtout qu'on avait supprimé le cordon bleu, les fleurs de lis et le drapeau blanc, en quoi pouvait-il se rattacher à l'ancienne monarchie?

Ce mot de pair ne veut-il pas aussi dire *égal?* et, dans une assemblée si peu homogène, comment supposer l'égalité entre ses membres?

Le savant ne s'y trouvait-il pas à côté du guerrier, le mathématicien à côté du poète, le millionnaire à côté du philosophe, le révolutionnaire heureux à côté du grand seigneur dépouillé?

Comment faire de tout cela une assemblée de pairs, quand il n'y a en réalité qu'une assemblée de notables très différents entre eux, quoique tous très distingués par leurs mérites particuliers?

XIII

Une manie bien étrange s'est emparée du monde religieux de notre époque : cette manie est celle des miracles. On les désire, on les recherche; chaque localité
prétend en avoir rencontré un.

Or, ces prétendus miracles, qui n'ont ni évidence,
ni grandeur, ni utilité d'aucun genre, en quoi peuvent-
ils paraître si précieux pour la religion, qui dès son
berceau a déployé tout ce qui suffisait pour attester sa
mission divine et lui faire traverser les siècles, sans
qu'aucun miracle soit désormais nécessaire pour maintenir la foi inébranlable?

Un motif quelconque doit présider cependant à cette
recrudescence, en tout point si peu convenable; mais
comme elle compromet en même temps ceux qui inven-

tent et ceux qui croient, la critique, certes, en doit devenir salutaire, et peut-être devient-elle un devoir pour ceux dont la dévotion est éclairée et loyale.

Ainsi, comment une piété vraie et le plus simple bon sens ne seraient-ils pas choqués d'entendre les récits sur cette Vierge sainte se déplaçant du ciel pour produire les résultats les plus vulgaires, quand, il faut le dire, elle ne s'est déplacée ni pour ce pauvre petit dauphin mourant d'une longue torture dans sa prison, ni pour cette sainte madame Élisabeth, ni pour cette reine héroïque, objets de tant d'outrages, ni enfin pour ce bon roi dont la mort a entraîné de si grands malheurs? Cette Vierge divine, dis-je, intervertira-t-elle le cours des choses ensuite pour apparaître à ce monsieur juif qui voyage pour son plaisir et s'est endormi très paisiblement, très innocemment, dans une église?

Où serait le but, où serait la cause, où serait le résultat de ce grand événement céleste? Pour Dieu, messieurs du clergé, un peu plus de discernement chez cette Vierge, que vous devriez, autant que possible, tenir à l'abri de toutes ces historiettes et de tous ces romans!

_ Mais enfin, s'il faut absolument voir le clergé persister dans cette voie et y apporter une approbation tacite, il n'y aurait guère à y trouver d'autre explication que celle qui résulte des circonstances au milieu desquelles le clergé a été établi.

Depuis 1789 jusqu'en 1801 et 1804, que de sujets d'affliction dans l'histoire du clergé! Mais aussi, que de faits glorieux pour le sacerdoce! que d'enseignements

13

pour bien discerner ce qu'il est si utile de connaître !

Lorsque M. de Chateaubriand et tant d'autres personnages recommandables célébrèrent dans le concordat le redressement des autels, ils n'aperçurent, il faut le dire, que l'un des côtés de la question, puisqu'en ce même moment l'ancien épiscopat français, échappé aux massacres et à l'exil, donnait tout entier sa démission, et, d'après les prescriptions du saint pape Pie VI, se refusait à accepter les conditions que le concordat mettait à la restauration du culte.

Que cet épiscopat et celui qui l'a remplacé n'aient pas, en suivant des routes si diverses, obéi tous deux à leur conscience, c'est ce que cet article n'a nullement l'intention de mettre en doute ; il indique seulement comment l'Eglise fut divisée en deux portions si distinctes, que ce qui nuit et profite à l'une ne peut nuire et profiter à l'autre.

Or, dans des principes si opposés et dans des résultats si différents, la partie triomphante de l'Eglise, arrivée à la fortune énorme qu'on lui connaît, n'a-t-elle pas dû quelquefois songer aux incertitudes qui peuvent survenir à son sujet, et n'a-t-elle pas dû quelquefois ressentir ces incertitudes elles-mêmes.

Plus la piété est sincère, plus l'âme souvent est timorée ; et l'on ne saurait contester ici qu'il y ait matière à controverse, à hésitation et à scrupule.

Ce serait donc chose vraiment désirable que celle qui trancherait nettement la question, et qui ne laisserait plus de prétexte pour accorder au vaincu tous les re-

grets, et au vainqueur très peu des honneurs de la victoire.

Et cette chose, que pourrait-elle être mieux qu'un
miracle, qu'un témoignage céleste qui confirmerait à
jamais l'orthodoxie et le droit, et les joindrait à tous les
avantages matériels et honorifiques que les gouvernements qui se succèdent se plaisent à verser sur ceux
dont ils reçoivent une adhésion infaillible et dont ils
recherchent l'appui ?

XIV

J'ai toujours été fort touché de l'histoire de l'infortuné Lesurques, et j'ai toujours pris en grande compassion sa famille. Un silence de plus de quarante ans, opposé à ses sollicitations, semblait lui interdire tout espoir; et c'est sous l'émotion d'un si triste sort que je lui ai consacré plusieurs lignes de mon livre sur l'ancienne noblesse de France, publié en 1846.

Je viens d'apprendre que l'Assemblée nationale accueillait aujourd'hui avec bienveillance une pétition présentée à ce sujet. Peut-être alors y ai-je contribué pour quelque chose !

Mais, du reste, si ce que j'ai dit en 1846 a eu quelque utilité, il y aura quelque utilité à le répéter en ce moment, et c'est ce que je ne dois pas hésiter à faire :

« Un dernier trait peindra encore cette époque, et « peut-être un peu la nôtre.

« Calas est condamné et exécuté en 1765. Voltaire
« démontre l'injustice de cette condamnation , et la mé-
« moire de Calas est réhabilitée en 1765. Un parlement,
« composé de tout ce qu'il y a de plus distingué dans
« la province, n'hésite pas à reconnaître son erreur.

« Au commencement de ce siècle, Lesurques est con
« damné innocemment. Son innocence est encore mieux
« prouvée que celle de Calas, et cependant depuis qua-
« rante ans sa famille sollicite en vain sa réhabilita-
« tion ! »

XV

L'excellent écrivain M. de Balzac vient de mourir. C'était un homme trop intéressant pour le pays, et chacun lui devait trop de moments agréables, pour que beaucoup ne s'empressassent pas de lui rendre un pieux devoir.

M. Victor Hugo a prononcé un fort beau discours sur sa tombe. Je n'ai pu en entendre qu'une partie ; mais, comme plusieurs passages m'ont rappelé, pour le sens, une très belle page de J.-J. Rousseau, je saisis avec grand plaisir cette occasion de la citer :

« ...Plus je me consulte, et plus je lis ces mots écrits « dans mon âme : Sois juste, et tu seras heureux. Il « n'en est rien pourtant, à considérer l'état présent des « choses : le méchant prospère, et le juste reste oppri- « mé. Voyez aussi quelle indignation s'allume en nous

« quand cette attente est frustrée ! La conscience s'é-
« lève et murmure contre son auteur ; elle lui crie en
« gémissant : Tu m'as trompé !

« Je t'ai trompé, téméraire ! Et qui te l'a dit ? Ton
« âme est-elle anéantie ? As-tu cessé d'exister ? O Bru-
« tus ! ô mon fils ! ne souille pas ta noble vie en la fi-
« nissant ; ne laisse point ton espoir et ta gloire avec
« ton corps aux champs de Philippes. Pourquoi dis-
« tu que la vertu n'est rien quand tu vas jouir du prix
« de la tienne ? Tu vas mourir, penses-tu ? Non, tu vas
« vivre ; et c'est alors que je tiendrai tout ce que je t'ai
« promis.

« On dirait, au murmure des impatients mortels,
« que Dieu leur doit la récompense avant le mérite, et
« qu'il est obligé de payer la vertu d'avance. Oh !
« soyons bons premièrement, et puis nous serons heu-
« reux. N'exigeons pas le prix avant la victoire, ni le
« salaire avant le travail. Ce n'est pas dans la lice,
« disait Plutarque, que les vainqueurs dans nos jeux
« sacrés sont couronnés ; c'est après qu'ils l'ont par-
« courue. »   (*Émile.*)

XVI

M. Victor Hugo, académicien, avait, il me semble, un double mérite en louant si équitablement celui que l'Académie avait paru dédaigner depuis même qu'il était apprécié ce qu'il valait, puisqu'un grand nombre de nominations avaient été faites de préférence à la sienne.

Il faut plaindre l'Académie d'une telle exclusion, en l'attribuant à quelques unes de ces influences dont très peu de personnes ont le secret. L'étonnement ne s'arrête pas au seul Balzac, et ferait demander souvent en quoi les noms que l'Académie admet lui paraissent supérieurs ou seulement égaux à ceux qu'elle délaisse.

XVII

On raconte que l'abbé de Montesquiou, entendant un homme que sa voiture éclaboussait s'écrier : « Au diable les gens à voiture ! » mit la tête à la portière, et lui dit : « Monsieur, *extra concedo*, mais *intra nego*. »

Ces paroles plaisamment dites n'en sont pas moins la triste explication de ce qui se passe de nos jours, où les palinodies sont si fréquentes, et où chacun règle d'après sa position les devoirs à remplir et les notions sur le juste et sur l'injuste.

———

XVIII

Il se trouve dans les *Mémoires de La Porte* un détail charmant sur la première enfance de Louis XIV.

« Louis XIII se mourait, et un huissier de la cham-
« bre demanda à Louis XIV, alors dauphin, âgé de
« quatre ans et demi :

« — Monsieur, voudriez-vous être roi ?
« — Non, répondit le dauphin.
« — Et si votre papa mourait ?
« Et le petit dauphin, la larme à l'œil :
« — Si mon papa mourait, je me jetterais dans le
« fossé.

« Madame de Lanzac prit la parole, et dit :

« — Ne lui en parlons plus : il a déjà dit cela deux
« fois. Si ce malheur nous arrivait, il faudrait prendre
« garde bien exactement; quoiqu'il ne sorte jamais
« qu'on ne le tienne par les cordons. »

XIX

J'ai connu un homme qui, fort ignorant des usages des cours, n'en avait pas moins sollicité et obtenu l'échange de sa position dans l'armée contre celle d'officier des gardes du corps, dont il appréciait, par conséquent, les avantages. Mais c'était tout, et, comme bien des gens, il bornait à ce qui l'intéressait l'instruction qu'il avait songé à acquérir.

Je l'entendis, un jour, trouver puéril et se moquer de l'attention minutieuse apportée par le capitaine de sa compagnie à se faire rendre tous les honneurs qui appartenaient à sa charge.

On eut beaucoup de peine à faire comprendre à ce brave monsieur qu'une charge est un dépôt qu'il faut rendre tel qu'on le reçoit, sans laisser retrancher aucune des prérogatives qui constatent l'importance de cette charge, et dont on est le conservateur, et non le juge.

Beaucoup de personnages, n'ayant pas de notions suffisantes sur les charges dont on les gratifiait, ont servi à propager ces erreurs; et elles firent si bien accepter ce manque de logique, qu'on vient encore de donner de grands éloges aux réformes que le pape présent jugea à propos d'opérer dans le cérémonial qui entoure la papauté.

Et cependant, j'ai regret de le dire, le pape, souverain électif, n'avait pas plus ce droit que de retrancher une couronne à la tiare et une province au patrimoine de saint Pierre.

Les papes, ses prédécesseurs, n'ont-ils pas su réfléchir, et juger ce qui devait accompagner la première dignité du monde? Et ceux qui lui succéderont, pouvait-il leur préparer un tel embarras, s'ils reconnaissent et s'ils regrettent tout ce qu'il y avait de respectable, d'utile, dans ces institutions des temps anciens?

Et quand ce pontife, forcé de quitter ses états, a trouvé une hospitalité si royale chez le roi de Naples, dont les respects et les largesses ne laissent rien à désirer, qui a donc pensé qu'il fût urgent et convenable d'instituer en France des quêtes, non près des riches et des puissants, mais jusque auprès des plus pauvres, que l'on excitait à donner, ne fût-ce qu'un franc par mois?

En vérité, les quêtes ont produit de tels résultats, qu'on saisit les plus étranges occasions d'en maintenir l'habitude ; mais, de ceux qui se montrent si ardents à les renouveler, n'y en a-t il pas qui se croiront enfin tenus à se justifier de l'accusation que certaines quêtes ont fait peser sur eux ?

C'est cependant ce que, depuis deux ans, il y a eu impossibilité de leur faire comprendre.

XX

On en est enfin venu à ne plus regarder comme insignifiante la cruauté envers les animaux, qui m'a toujours semblé un très dangereux apprentissage de la cruauté envers les hommes.

La compassion est-elle si limitée dans notre âme qu'il ne puisse s'en trouver pour tout ce qui souffre ? N'est-ce pas, au contraire, un de ces fonds dont plus on dépense plus on en est riche ?

Les très grands génies Descartes et Malebranche, en proclamant l'absurde système des animaux-machines, qui ne ressentent ni la joie ni la douleur, ont cependant cela d'excusable qu'ils se sont refusés à la pitié et à l'évidence pour défendre la Divinité, qui, disaient-ils, n'aurait pu, sans injustice, infliger à aucune créature une souffrance sans but.

Mais pourquoi le génie de ces hommes ne leur a-t-il pas servi aussi à reconnaître qu'il est des mystères que l'on ne saurait approfondir, et que les plus simples, comme les plus savants, s'y noient?

Le très célèbre philosophe Pythagore était pénétré d'une si grande pitié pour les animaux, qu'afin de les protéger contre la cruauté humaine, il mit en honneur ce sublime ou extravagant système de la métempsycose, qu'il tenait des Brahmanes et des Égyptiens. On raconte qu'un jour, aux cris d'un chien que l'on battait, il dit reconnaître la voix d'un ancien ami.

XXI

Voltaire, comme on le sait, n'eut jamais la satisfaction de voir le célèbre acteur Le Kain sur le théâtre; Le Kain, dont il avait admiré les dispositions, formé le talent et présagé tous les succès.

Lorsque Voltaire partit pour la Prusse, Le Kain n'avait pas encore son ordre de début, une cabale s'y opposait; mais le roi Louis XV, ayant désiré le voir, fut si attendri et si satisfait de son jeu, que dès cet instant il le fit admettre au nombre de ses comédiens.

Vingt-huit ans après, Voltaire revint en France, où Le Kain venait de mourir.

La célébrité de Le Kain, comme acteur tragique, n'a été égalée que par celle de Talma, et l'on remarquera à ce sujet que, malgré la prétendue libéralité de l'époque, malgré l'amitié protectrice de Napoléon, celui-ci n'osa point donner à Talma la décoration de la Légion-d'Honneur, quoique cette distinction fût instituée, pour tous les genres de mérite, et que Talma, aussi éminent dans son art, semblait devoir la mériter comme tant d'autres.

Un seul mot, le mot *préjugé*, répond à cet étonnement et à cette question.

Mais ce mot de *préjugé* devrait-il avoir cours en France, depuis cette grande révolution effectuée justement pour le détruire ?

Comment, cours en |France, depuis cette grande révolution ! Mais les préjugés y ont tellement survécu qu'on ne les a jamais vus plus vivaces, et que c'est chez les hommes qui, avant de parvenir, avaient le plus crié contre eux, qu'il faut le plus, aujourd'hui, en faire la remarque et le reproche.

XXII

On connaît cette maxime railleuse du grand Frédéric :

« Dieu est toujours pour les gros bataillons. »

Mais ne voilà-t-il pas qu'un auteur, prenant cette maxime pour épigraphe de son livre, s'avise de se méprendre au point de la signer du nom de Turenne, dont la piété bien connue et le système guerrier sont dans la plus parfaite opposition avec elle !

On se rappelle que dans une circonstance où le roi et les ministres, croyant Turenne et son armée dans le plus grand embarras, se hâtèrent de lui annoncer un prompt renfort, Turenne, aussitôt, de répondre qu'il avait assez de troupes pour assurer le succès, mais qu'avec une plus grande quantité il ne garantissait plus rien.

Est-ce qu'on ne se rappelle pas aussi que c'était justement le génie de Turenne, de suppléer au nombre et de se rendre admirable par les immenses résultats qu'il obtenait avec de très faibles moyens ?

Si Turenne est jusqu'à présent une de nos anciennes gloires laissée intacte, il faut trembler devant de pareilles erreurs, qui ôteraient bientôt l'idée des talents et du caractère de ce héros (1).

(1) Dans un feuilleton pétillant d'esprit, comme tout ce qui sort de la plume de son auteur, je viens de lire qu'un duc de Bellegarde accusait plaisamment saint Vincent de Paul de tricher au jeu. C'est saint François de Sales, je crois, qu'il fallait dire, puis laisser saint Vincent de Paul avec toute la simplicité de ses mœurs et toute la perfection de sa charité sublime. (3 février 1851.)

XXIII

Des personnages distingués appelés à l'insigne honneur de diriger la conduite politique de M. le comte de Chambord, n'en est-il pas qui, ayant un peu trop chevauché dans tous les camps, ne peuvent comprendre ce qui appartient à la dignité d'un tel prince et d'une telle cause ?

On serait fondé à le craindre, en apprenant tout ce qui s'est passé à Wiesbaden en 1850.

Puis, ne doit-on pas le dire, au sujet d'un événement qu'il sera difficile d'oublier, que cet événement n'aurait sans doute jamais eu lieu si le clergé, dans une autre position que celle qu'il s'est faite, avait osé montrer un peu plus d'autorité près du vainqueur, et avait montré un peu moins d'abandon pour le vaincu ?

Quel parti immense ne pouvait-il pas tirer de la piété d'une princesse qui, intervenant dans la question, eût obtenu un résultat qui tournait, dans l'avenir, au si grand avantage de tous !

Car, sans remonter bien loin en d'autres temps et à d'autres hommes, ne voit-on pas que, dans une circonstance analogue, la femme de celui qui pouvait tout se jeta à ses pieds pour implorer la grâce d'un illustre captif, du duc d'Enghien, dernier rejeton du grand Condé ?

Malheureusement il était trop tard ! Mais de ce fait il n'en reste pas moins un exemple, digne à jamais d'être suivi.

Et puisqu'il n'était pas trop tard pour madame la duchesse de Berri, gardée par M. Bugeaud dans la citadelle de Blaye, pourquoi n'a-t-on pas entendu dire que rien de semblable ait été tenté pour elle ?

XXIV

En publiant mon ouvrage sur l'ancienne noblesse de France, je croyais rendre un éminent service à l'ordre social, et j'ai dû être confirmé dans mon opinion par toutes les basses intrigues dont cette publication a été entravée dès son début.

Ces intrigues devenant justiciables des lois, je résolus de retirer les exemplaires confiés au commerce, pour ne pas prolonger une lutte ignoble et absolument disproportionnée par la position des principaux meneurs et par le peu de scrupule qu'ils mettaient dans le choix des moyens qui furent employés pour me nuire.

Lorsqu'à mes tentatives loyales on opposait aussitôt une trahison, était-ce là un terrain où je pouvais combattre? De plus habiles que moi y eussent manqué de force, et l'action juridique se présenta alors comme ma seule et dernière ressource.

Mais cette action juridique, comment l'exercer au milieu des événements qui absorbaient si naturellement l'attention ?

Comment aussi ne pas me régler un peu sur cette autre poursuite où une portion de mes adversaires sont mis en cause, et où, malgré le plus évident des droits, on n'a pu obtenir le moindre résultat, pas même la plus petite réponse, bonne ou mauvaise ?

Ces tristes observations ne durent toutefois rien changer à ma résolution, d'autant plus irrévocable, que ma plainte au sujet de cette propriété littéraire indignement spoliée ne servira que de prélude à des réclamations et à des griefs infiniment plus importants encore.

Vivant donc dans l'espoir d'un temps plus opportun, j'ai, en l'attendant, suspendu la publication de mon ouvrage, ce qui donne à mes ennemis une grande joie et l'apparence d'un succès si honteusement définitif, quand il n'est que très fragilement provisoire.

Dans le désir d'être utile, et dans un sentiment de justice pour tous, j'ai rassemblé quelques uns des faits dont l'appréciation m'avait paru dangereusement inexacte, et desquels une juste appréciation me paraît dès lors nécessaire.

Je continuerai peut-être un jour cette tâche; mais, pour tempérer en quelque chose aujourd'hui des réflexions si souvent sévères et tristes, je livrerai à l'indulgence de mes lecteurs trois petits contes en vers faisant partie d'un recueil poétique que je dois bientôt publier.

COMME CERTAINES PERSONNES SEMBLENT COMPRENDRE LA LIBERTÉ

Conte

———⊶⊷———

Le médecin du grand Racine
Lui disait un jour doctement :
Ne croyez pas qu'en médecine
On traite toujours tristement ;
Car, si votre état me fait croire
Que pour vivre encor sans broncher,
De bon vin il ne faut plus boire,
Ni des belles vous approcher ;
S'il faut quitter toute lecture,
Fuir les fleurs au parfum si doux,
De tout le reste, je vous jure,
Sans nulle crainte amusez-vous.

O liberté douce et chérie !

Dans ma glorieuse patrie ,
C'est ainsi que l'on te comprend !
Sous le moindre pouvoir, esclaves ,
Plus on nous accablait d'entraves ,
Et plus on nous disait de marcher librement.

LE HOBEREAU

Conte

Riche en famille et pauvre de fortune,
Un certain Hobereau, d'humeur assez commune,
Vivait en chasseur sur ses champs,
Traitant du même ton ses chiens et ses enfants;
Et vers le soir, quand la marmaille
Devait aller au lit : A la paille ! à la paille !
Criait le Hobereau, sans plus de pourparler.
Et les petits de détaler.
Or, un soir, il advint qu'il reçut compagnie
Assez brillante, assez choisie;
Et ce soir-là le Hobereau
Voulut user d'un langage plus beau :
Il faut aller coucher, mes enfants; Dieu vous garde !
Mais chaque petit se regarde,
Ne conçoit rien à ce discours poli,
Et reste là tout ébahi.

Voyant leur embarras, le père, dans l'oreille,
Dit ces mots : A la paille ! Et ces mots font merveille,
    Car chacun, détalant soudain,
    S'en va dormir jusques au lendemain.

Si vous avilissez les âmes généreuses,
    C'est en vain qu'au jour important
Vous voudrez exciter un noble sentiment :
    Inintelligibles et creuses
Vos paroles seront sans retentissement.

LA CONVERSION

Conte

Griffaut, voyant sa dernière heure,
Appelle à grands cris son curé ;
Sur ses péchés lamente, pleure,
Et dit cent fois *miserere.*
C'est à fendre les cœurs de pierre
Qu'une telle conversion !
Mais de ses biens volés sur terre
Rendit-il une obole ?... Oh ! non.

LETTRE

A MADAME LA DUCHESSE DECAZES

––––––––––

(1853)

LETTRE

A MADAME LA DUCHESSE DECAZES,

Madame la Duchesse,

Pourquoi donc suis-je obligé de rappeler à votre souvenir que personne mieux que vous et monsieur votre
père ne connaît mes droits et l'injustice qui les a pa-
ralysés dans leurs plus importantes conséquences?

Car, malgré cette conviction, malgré ce qu'on pourrait appeler un devoir, ne semblez-vous pas vous
réunir à ceux qui me nuisent sans cesse, et n'est-il pas
dès lors, bien naturel, que je signale tout ce que la justice et l'humanité auraient dû vous exciter à faire pour
moi, m'aider contre mes persécuteurs et appuyer mon
isolement dans ses réclamations et dans sa défense?

Ne l'ayant pas fait, Madame la Duchesse, et une décision qui m'est contraire paraissant ainsi prise par
vous, j'ai dû y voir l'oubli de ce que je devais croire
impossible de me contester; j'ai dû y reconnaître la

persuasion que mes moyens pour rétablir la vérité dans tous les rôles étaient insuffisants, et qu'il valait mieux, dès lors, ménager ceux qui me dépouillent, dont les manœuvres occultes désolent ma vie et doivent, dans un court délai, anéantir mes réclamations et mes espérances.

Or, cette persuasion, croyez-le bien, est une de ces erreurs dont il faudra revenir. La persécution la plus savante n'anéantira jamais une cause qui intéresse à un si haut degré la législation et la morale, dût-on employer tout ce qu'il y a d'hommes fascinés ou comrompus pour amoindrir cette cause jusqu'à des proportions méprisables, et feindre qu'on la dédaigne quand il est si aisé de voir qu'on s'en épouvante en secret.

On n'ignorera pas toujours que ceux qui m'ont trahi sont le seul motif de mon apparente inaction ; on saura aussi que ma tristesse est bien loin d'être le découragement. Ces travestissements perfides auront, je vous assure, des limites, et leur dénoûment, devenu une leçon pour les pervers, sera, dans l'avenir, très profitable au malheur.

Lorsqu'il y a plus de vingt ans, Madame la Duchesse, vous me fîtes demander avec tant d'instance ma signature pour la vente des hôtels de Soyecourt et de Feuquières, vous dûtes certainement voir dans le long retard que j'y mis une intention formelle de revenir un jour sur des questions bien importantes, mais où vous étiez très éloignée de croire que je possédasse ce qui oblige la justice à avoir son cours, et ce qui de la vérité doit assurer le triomphe.

Si vous l'eussiez supposé, au lieu d'une rancune mesquine qui vous réunit peut-être à mes autres adversaires, vous eussiez, certes, suivi une politique plus élevée et plus adroite, et, dans ce que vous m'auriez donné d'aide et dans vos dispositions amicales, j'aurais eu un motif de plus d'ajouter encore à mes hésitations sur le sujet grave qui, tôt ou tard pourtant, doit se discuter entre nous.

Mais, dans l'atmosphère d'égoïsme où notre époque est plongée, on ne sait guère reconnaître ce qui y fait exception ; et comment croire, par exemple, que celui qui pourrait améliorer son sort le retarde ou le sacrifie à la seule répugnance d'infliger une affliction profonde à ses adversaires ?

Il n'en est pas moins vrai cependant que, si un devoir sacré et des considérations touchantes me disaient d'agir, ces influences éloignées étaient fortement balancées par l'influence de ma compassion présente. Je ne renonçais pas sans doute à mes droits, mais j'aurais hésité sans cesse sur le moment choisi pour les mettre à exécution.

En dehors de ces questions graves, vous savez, Madame la Duchesse, que rien de désobligeant de ma part n'est venu vous révéler un ennemi autre que l'adversaire forcé que mes devanciers vous ont en moi suscité.

Le temps où nous vivons présente si perpétuellement de la contradiction entre les actes et les paroles, qu'il faut, quand on le peut, préciser toute la conséquence qui existe entre ces paroles et ces actes.

Il faudra me permettre alors, Madame la Duchesse, la citation de quelques rares circonstances qui témoignent à votre égard de ma disposition obligeante plutôt que contraire. Si ces circonstances sont peu de chose, elles sont, dans l'absence de ce qui leur serait opposé, d'un sens suffisant pour prouver l'exactitude de mes assertions.

Ainsi il arriva une fois que madame la marquise du Roure, belle-sœur de madame la comtesse de Sainte-Aulaire, voulant secourir la veuve d'un officier des gardes du corps réduite à une grande gêne, plaça pour elle des billets de loterie dont je pris quelques uns, lesquels m'ayant fait gagner une paire de boucles d'oreilles en diamants (c'était l'objet mis en loterie), j'eus un très grand plaisir à écrire aussitôt à madame du Roure pour prier la pauvre veuve de garder les boucles d'oreilles ; et madame du Roure fut assez sensible à ce procédé pour m'en écrire une lettre très aimable que je conserve, et que je citerai au nombre des pièces et notes qui accompagnent cet écrit.

Un autre fait qui, tout léger qu'il soit, prouvera encore de ma condescendance habituelle pour vous et les vôtres, ce fait est le suivant, qui, d'ailleurs, ne sera pas sans un certain intérêt historique :

L'auteur des prétendus *Mémoires de la marquise de Crequy* m'avait emprunté une très jolie lettre du chevalier de Gramont, et, avec ce laisser-aller qu'on lui connaît, en avait fait tout simplement présent à M. le marquis du Roure, frère de madame la comtesse de Sainte-Aulaire. C'est ainsi qu'il se mettait, à mes dépens, en grand honneur d'obligeance envers des personnes dont les relations lui étaient précieuses : car, ainsi que chacun le sait, les lettres du chevalier de Gramont sont rarissimes, et M. le marquis du Roure est grand amateur d'autographes.

Ne voyant pas revenir cette lettre, qui avait un double intérêt pour moi, apprenant enfin la collection où elle figurait, et me trouvant un soir dans une maison du faubourg Saint-Germain où M. du Roure se trouvait aussi, je racontai l'histoire de ma lettre à la comtesse de Mesnard, née Caumont La Force, femme au cœur noble et énergique, qui, ne voulant pas que M. du Roure fût un instant de plus dans l'ignorance de cette anecdote, passa dans la chambre voisine, et lui répéta tout ce que je venais de dire.

Or, ne réclamant nullement ma lettre, M. du Roure la laissa dans sa collection ; mais, amateurs comme nous le sommes, il pourrait bien lui en rester comme une légère gratitude.

Pourquoi ne rappellerais-je pas aussi que, pendant plus de vingt ans, je me suis rencontré chaque soir avec madame la comtesse d'Hultz, sœur de madame la comtesse de Sainte-Aulaire et de M. le marquis du Roure ? Nos relations, toutes bienveillantes, sont un souvenir trop agréable pour moi, comme l'aimable et bonne amitié dont nos excellents hôtes n'ont cessé de me donner des preuves.

Les lettres du comte de*** sont assez intéressantes pour que je les cite un jour comme se rattachant beaucoup à ma situation d'alors.

J'en arrive maintenant, Madame la Duchesse, à cette année 1845, où vous envoyâtes à mon grand manoir de Lihons pour me demander communication des titres et documents que je pouvais posséder relatifs aux marquis de Feuquières, sur lesquels, me fîtes-vous dire, vous prépariez une publication.

Je me bornai, vous le savez, Madame la Duchesse, à un refus et à des regrets polis ; mais aujourd'hui que nos situations respectives ont pris assez malheureusement une teinte plus franchement hostile, je pourrais ajouter que cette publication sur les marquis de Feuquières était à ma convenance aussi bien qu'à la vôtre, et que j'avais, de plus, l'avantage d'avoir puisé aux véritables sources, tandis que vous, Madame la Duchesse, n'ayant possédé aucun des châteaux dans le chartrier desquels les documents en question pouvaient se trouver, vous avez dû, je le suppose, y suppléer, en grande partie, par quelques emplettes d'autographes d'une authenticité plus ou moins problématique, ou par la copie d'ouvrages déjà publiés.

Du reste, je n'avance rien ici que tout le monde ne sache.

Le château d'Hocquincourt, vendu il y a plus de cent ans ;

Les châteaux de Soyecourt et de Feuquières démolis ;

Le château de Maisons, vendu révolutionnairement après l'avoir été à M. le comte d'Artois contre le droit des substitutions, qui réclamèrent en temps utile ;

Le château de Tilloloy enfin, le splendide château de Tilloloy, *détruit dans toutes les parties qui faisaient cette splendeur*, et dans le chartrier duquel les titres et papiers de cinq maisons éteintes en une seule se rassemblèrent.

Eh bien ! de ces cinq châteaux, aucun ne vous a appartenu ; et quant au château de Tilloloy, je n'ai pas besoin de rappeler ce que j'ai été et ce que je suis pour lui ; mais, si quelques personnes restaient encore à le connaître et m'en témoignaient le désir, j'y satisferais en peu d'instants par la seule vue d'une foule de lettres que, pendant la première moitié de ma vie, on m'écrivait *en mon château de Tilloloy*.

Les descriptions du château de Maisons, que Voltaire a célébré, se trouvent partout ; mais celles du château de Tilloloy, objet de mon admiration et de mes regrets, sont bien plus rares. L'exactitude des éloges que je lui donne, en prose et en vers, se trouvera suffisamment confirmée par ce seul passage d'un livre intitulé *le Conducteur français*, par Denis, géographe, et imprimé en 1777. *Voyez* tome II, p. 32 et 33.

« Arrivez à Tilloloy.... On arrive devant le château, bâti en briques. *C'est un des plus beaux qu'on puisse voir* ; on y jouit de la plus belle vue du monde, etc., etc. Le parc, qui est grand et bien percé, renferme un labyrinthe curieux, etc., etc.

« Après le château et l'église, on examine une avenue superbe en face du château. Les arbres sont d'une grosseur et d'une hauteur extraordinaires, etc., etc. »

Ainsi donc, Madame la Duchesse, vous publiâtes vo-

tre recueil, votre travail, sur les marquis de Feuquières, sans mon concours, mais aussi sans que j'y misse
d'entraves. Vous fûtes aidée, comme c'est d'usage,
par la coterie puissante dont vous disposez, et par ces
littérateurs faciles qui habillent l'histoire à leur mode et
préparent à l'avenir un si grand nombre d'énigmes.

Vers ce temps, Madame la Duchesse, un ouvrage fut
aussi publié par moi. Il avait pour objet l'ancienne noblesse de France et la réfutation des prétendus *Mémoires de la marquise de Crequy,* ouvrage alors très en
vogue, très séduisant et très dangereux, dont je re-
gardai comme très utile de rectifier les erreurs.

Or, parmi ces erreurs se trouvaient quelques flagorneries adressées à votre maison, qui peut très bien s'en
passer, et qu'avec tous les égards qu'elle mérite je crus
devoir relever.

Ma rectification était dans les devoirs de mon livre :
je ne pouvais la passer sous silence, et mon livre aurait
beaucoup perdu de son utilité si je n'y avais mis cette
exactitude et ce scrupule.

L'article qui vous concerne n'est donc en aucune façon une vaine chicane, et il touchait de trop près aux
plus hautes questions nobiliaires pour n'être pas d'une
mention absolument obligatoire.

Car l'auteur des prétendus *Mémoires de la marquise
de Crequy* les a érigés en une espèce de professorat
dont les hommes simples seraient inévitablement la
dupe ; et alors pourquoi, sur ce qu'on appelle noblesse,
laisser plus qu'en autre chose fausser les idées, déna-

turer les faits, comme cet auteur travaillait évidemment
à le faire ?

Ainsi, lorsqu'un seul grand officier de la couronne
jette un si grand lustre sur une maison, était-il possible
de ne pas remarquer qu'il en donne trop libéralement
plusieurs à la vôtre ?

Ma critique, du reste, vous est autant que possible
honorable par la réalité flatteuse qu'elle reconnaît comme prétexte à l'erreur, et c'est ce que je vais appuyer
d'une démonstration qui pourra ennuyer quelques uns,
mais qui certainement intéressera et paraîtra de quelque
utilité à beaucoup d'autres.

La charge de premier échanson du roi, dont messieurs vos grands-pères furent honorés, ne constitue
pas, comme l'a prétendu l'auteur que je critique, une
grande charge de la couronne. Ce titre n'appartient
qu'au grand échanson de France, supprimé en 1667,
et dont le comte de Bueil et de Sancerre a été, je crois,
le dernier.

De cet abus des mots et de cette distinction à faire,
voulez-vous une preuve qui ne souffre pas de ré-
plique ?

Le grand officier de la couronne prête serment entre les mains du roi, et le premier officier ne prête serment qu'entre les mains du grand officier dont il re-
lève.

Or il vous sera facile de vérifier que messieurs vos
grands-pères n'ont jamais prêté leur serment comme
premiers échansons du roi qu'entre les mains du prince
de Condé, grand maître de sa maison, et à défaut du

grand échanson, dont leur service eût relevé sans cette suppression.

Le nom de grand échanson, gardé par le premier échanson, ne serait donc que de tolérance, puisqu'il ne prête pas serment entre les mains du roi, et qu'il dépend d'un autre qui est véritablement le grand officier de la couronne.

Vous voyez bien, Madame la Duchesse, que la science héraldique et nobiliaire a des règles que l'auteur des prétendus *Mémoires de la marquise de Crequy* ne peut feindre d'ignorer, et qu'on ne doit croire nullement à l'innocence de ses erreurs, puisqu'elles lui servent toujours à flagorner ou à nuire. C'est pourquoi ma critique les signale, et qu'elle met continuellement en garde contre cette tactique qui, employée comme elle paraissait devoir continuer à l'être, jetait le plus grand désordre dans la société et dans l'histoire.

En vous imposant ce sacrifice, Madame la Duchesse, je le regardais comme si loyal et si facile pour vous, que je ne l'eusse jamais pensé capable de vous ranger au nombre des persécuteurs de mon livre, si des observations, des rapports et des symptômes ne m'eussent apporté comme une sorte de conviction à cet égard.

Ainsi donc, Madame la Duchesse, vous, pas plus que tant d'autres, ne m'auriez tenu compte du service que ce livre rendait, ni de la sincérité de mon langage, ni de mes traditions précieuses, ni de l'instruction spéciale qu'il m'a fallu acquérir, ni enfin des soins et dépenses en tous genres qui sont l'accompagnement obligé d'une telle œuvre.

On m'en a voulu de quelques flagorneries retranchées ; on ne me sait aucun gré de tous ces malheureux dont je prenais la défense, et dont je neutralisais la diffamation !

On n'a pas cherché à voir si je tarissais peut-être à jamais une des plus grandes sources de désolation et de scandale, et enfin, la reconnaissance restant muette, il n'y a que quelques prétentions blessées qui se soient montrées actives !

Le sort de tous les apôtres de la vérité est donc devenu le mien, et mon pauvre ouvrage, arrêté bientôt dans sa course, en est venu à être demandé inutilement dans les trois librairies que j'en avais rendues dépositaires.

L'inaction des uns, la malveillance excessive des autres, ont paru aux jurisconsultes un délit grave qu'ils m'autorisèrent à poursuivre, et j'en eus l'affligeant spectacle de ces trois commerçants distingués transformés tout à coup en personnages nuisibles pour celui qui ne leur avait jamais fait de mal, qui leur avait donné un témoignage de confiance, et qui avait des droits particuliers à la reconnaissance et au dévoûment de l'un d'eux !...

Telles sont, Madame la Duchesse, les influences fatales qui m'ont poursuivi au sujet de cet ouvrage, comme elles me poursuivent en toute chose.

Non seulement en France, mais dans les pays étrangers, cette influence a dépassé toutes les bornes. Un seul fait la résume en quelque sorte : c'est qu'aucun amateur de livres n'a pu voir le mien à l'étalage d'un li-

braire. Cependant quel est l'ouvrage auquel se refuse
cet honneur ?

Un ballot de mes exemplaires demandés et envoyés
à l'université d'Oxford, qu'est-il devenu ?

M. le comte de Sainte-Aulaire, ambassadeur à Londres ; M. le premier ministre Palmerston, son ami
M. de Jarnac, son secrétaire, peuvent-ils le dire ? Peu
vent-ils dire aussi le sort d'un autre envoi pour le même pays, où l'on annonçait le plus grand désir d'une
telle lecture, où l'on prédisait à mon ouvrage ce qu'i
y a de plus satisfaisant et de plus flatteur comme succès ?

Un homme très honorable écrit à son ami M. le duc
d'Esclignac, à Turin, pour l'inviter à propager mon
ouvrage, et il n'en reçoit pas de réponse. Une action
mystérieuse agit nécessairement sur ce brave gentilhomme pour le faire ainsi manquer de politesse envers un
autre brave gentilhomme, digne de son amitié et de ses
égards.

M. le marquis de G..., que l'on m'a permis de citer,
possède, dit-on, d'importants renseignements sur une
haute participation nuisible à mon ouvrage, et qui,
chose étrange ! n'excluait pas l'éloge, mais cédait à la
sollicitation d'un trop immense amour-propre.

Au reste, *par la poursuite seule des trois libraires*,
on arrivera à connaître les rouages secrets dont on ne
trouve ici que le premier indice.

L'opinion sur les trahisons qui m'entourent est telle-

ment partagée, que, dans les plus simples circonstances, j'en reçois souvent l'expression.

Je me plais à citer, parmi les personnes qui ne sont
plus, ce bon duc·de Saulx (Roger, dernier duc de
Saulx-Tavannes), m'écrivant dans ses lettres qu'il était
mon seul ami.

Cette situation déplorable est faite par ceux qui ont
un si grand intérêt dans mon abaissement et dans ma
ruine.

Ils tremblent qu'une attention honorable quelconque
s'attache à moi, parcequ'elle leur semble raviver ce
qui est un si grand péril pour eux, et que, de conséquences en conséquences, elle rend très possible une
restitution de vingt-deux millions, ou celle des biens
que ces vingt-deux millions représentent.

Dès lors, tout ce que j'entreprends doit avorter;
tout ce qui m'est avantageux doit être neutralisé dans
ce que je puis y mettre de dépenses ou de mérite et de
soins.

On s'étonne, et je le conçois, que, devant cette ac-
cumulation de méchancetés, ma résistance se main-
tienne, et que je n'y trouve pas l'épuisement de toute
mon énergie.

Mais le certain monde où la dévotion est devenue de
si haute convenance peut lire dans les livres saints tout
ce que Dieu envoie de consolation et de courage à ceux
qu'une ligue injuste environne.

Et ce monde-là ne s'étonnera plus de la continuité

de mes plaintes, de la persistance de mes réclamations et de ma confiance illimitée dans l'avenir.

Je suis avec respect,

Madame la Duchesse.

Votre très humble et très obéissant serviteur,

FRANÇOIS, comte et marquis DE SOYECOURT.

NOTES

PIÈCES ET DOCUMENTS

DONT IL EST FAIT MENTION

DANS LA LETTRE DU COMTE DE SOYECOURT

A MADAME LA DUCHESSE DECAZES

1.

LETTRES au nom de la famille de Sainte-Aulaire pour obtenir la signature du comte de Soyecourt au sujet des hôtels de Soyecourt et de Feuquières.

Retards, restrictions et réserves.

Une lettre du notaire de M. le comte de Sainte-Aulaire renferme une naïveté assez curieuse. Le digne homme semble garantir qu'*un vieux procès ne reverra jamais le jour*, rassuré, sans doute, par les dispositions pacifiques de son client. Mais il y a d'autres intérêts, et, par conséquent, il pourrait y avoir d'autres avis.

II.

Lettre de la marquise du Roure au comte de Soyecourt :

« Veuillez recevoir, Monsieur, tous les remercîments
de la malheureuse personne que vous avez secourue
avec tant de délicatesse, et les miens en particulier
pour l'extrême obligeance que vous m'avez témoignée
en cette circonstance. J'en suis d'une reconnaissance
infinie, et je ne m'en remets qu'à moi-même du soin de
l'exprimer.

« Recevez, je vous prie, Monsieur, tous mes compliments,

« JUIGNÉ DU ROURE. »

A Monsieur le comte de Soyecourt.

III.

Consultation, signée par quatre avocats, autorisant

la poursuite des libraires chez qui fut déposé l'ouvrage du comte de Soyecourt.

———

IV.

LETTRES portant pour suscription *A Monsieur le Comte* ou *Monsieur le Marquis de Soyecourt, en son château de Tilloloy.*

———

V.

LETTRE écrite à M. le duc d'Esclignac pour lui recommander de propager l'ouvrage du comte de Soyecourt à la cour de Turin.

17 novembre 1847.

« Mon cher Philippe,

« J'utiliserai ton amitié pour une chose dont je me

suis chargé avec le plus grand plaisir, et qui, j'en suis certain, excitera aussi ton intérêt. Il s'agit du placement de quelques exemplaires d'un ouvrage sur l'ancienne noblesse de France, et réfutant les soi-disant *Mémoires de la marquise de Crequy*, lesquels sont, comme tu le sais, un ramassis d'odieux mensonges et de complaisances salariées.

« Les hautes régions que tu habites doivent particulièrement apprécier le mérite de cet écrit, déjà reconnu par tout ce qui a de l'esprit et du savoir.

« Mais les amours-propres, étayés sur des mensonges, entravent de tout leur pouvoir le cours de cette publication, et y emploient même des sommes considérables pour corrompre, ce qui engage d'autant plus les honnêtes gens à lui prêter leur appui.

« Si, sous ton patronage, tu le fais arriver à la cour de Sardaigne, tu voudras bien m'en demander un certain nombre d'exemplaires pour les placer chez le libraire de la cour. Ce sera une bonne action et un témoignage d'amitié auquel je serai infiniment sensible.

« Tu dois voir que je suis tout dévoué à l'auteur de cet ouvrage, qui est mon parent et mon ami. Je te ferai aussi observer qu'il ne faut faire aucune attention au nom du libraire, car cet homme, malgré ses devoirs, etc., etc. »

Il est, certes, évident que, si on n'acquiesce pas complétement à une telle lettre, elle mérite au moins une réponse, et le motif qui aurait pu empêcher cette réponse d'avoir lieu est de la plus haute importance à connaître dans cette affaire. Il faut absolument savoir ce qui a rendu M. le duc d'Esclignac si différent de lui-même.

On a dit, madame sa mère étant une princesse de Saxe, qu'il était à la cour de ce roi lorsque la lettre lui fut adressée à Turin. Mais il est revenu dans cette ville, et il est bien connu que les lettres ne se perdent jamais. Les contradicteurs de cet axiome seront seulement ceux qui auraient besoin de prétexte et d'excuse.

Je me rappelle une lettre, écrite aussi à Turin, en 1824, à mon cher, excellent et toujours regretté comte d'Aspremont, qui venait d'entreprendre plusieurs voyages, et que ma lettre poursuivit de ville en ville. Elle en portait tous les cachets, comme il me l'écrivit ensuite : *une multitude de cachets.*

Au reste, pour épuiser toutes les explications, je chercherai encore si, dans la ville de Turin, n'auraient pas pu se rencontrer pour moi quelques uns de ces personnages malfaisants qui portent leur coup dans l'ombre, et voici tout ce qui, dans ma mémoire, se rattache pour moi à cette ville :

Le comte Alfieri de Sostegno, que j'ai rencontré autrefois, et qui était, il est vrai, en relations de société avec mesdames du Roure, de Juigné et de Sainte-Aulaire; mais aucune de ces personnes ne m'était hostile alors, et le comte Alfieri, jeune homme gai, spirituel, ouvert, que je n'ai pas rencontré depuis, ne me semble pouvoir se mêler à rien de malfaisant pour moi.

Le comte de Cavour, qui, à son passage à Paris en

1842; voulut bien se rendre à mon invitation à dîner, pouvait devenir sans doute une connaissance très agréable; mais elle fut de si peu d'instants, que mon souvenir doit y subsister à peine. Et comment la malveillance pourrait-elle y trouver place ?

Les comtes de Faucigny, princes de Lucinge, cousins du roi de Sardaigne, sont pour moi une connaissance de trente-cinq ans, et avec le comte Gaspard mes relations ont toujours été des plus polies et des plus amicales. Ces messieurs ont eu, il est vrai, des relations avec l'auteur des prétendus *Mémoires de la marquise de Crequy*, et ils sont de ceux que cet auteur loue, choie et ménage; mais cela empêche-t-il des gens d'honneur de le condamner dans ce qu'il a de dangereux et de blâmable? Je ne le pense pas, je ne l'ai jamais pensé, et, dans nos entretiens, il n'en fut, du reste, jamais question.

Ma dernière rencontre avec le comte Gaspard de Faucigny fut en 1852, où sa seconde visite fut pour me prendre et aller déjeuner ensemble aux Champs-Élysées. Il avait acheté mon dernier ouvrage la veille (*Réflexions sur ce qui se passe*), et je ne puis dire tout ce qu'au nom de madame la comtesse de Faucigny et au sien il voulut bien m'adresser de flatteur. Il ne tarissait pas sur le plaisir que cette lecture leur avait causé, et, dans mon souvenir reconnaissant, comment attribuer à une telle personne la plus petite action malveillante à mon sujet ?

M. le duc d'Esclignac restera donc le seul capable d'expliquer ce qui l'a si mal fait accueillir la récommandation de mon ouvrage. Son caractère est trop loyal pour qu'à la lecture de cet écrit il ne donne pas les explications demandées comme très utiles, ayant dû s'apercevoir enfin que l'influence à laquelle il cède est d'une injustice et d'une méchanceté dont il était bien loin d'abord d'avoir le soupçon.

VI.

ON trouve dans le *Bulletin du Bibliophile* un article sur l'ouvrage du comte de Soyecourt, dont on extraira ce passage, reproduit quelque temps après par le *Journal des Débats* :

« . . . .

« L'auteur arrive à parler un peu de tout, et, la preuve en main, réfute une foule de fausses notions introduites dans la société moderne.

« C'est un ouvrage où l'esprit et l'érudition sont tour à tour employés, et semblent faire un assaut qui tourne à l'agrément et à l'instruction du lecteur.

Ici une citation.

« Les descriptions du même genre sont nombreuses et font désirer de voir l'auteur ouvrir encore plus d'une

fois les trésors de sa mémoire et de son imagination
au profit de tous les lecteurs d'un esprit judicieux et
délicat. »

VII.

A la vente des bibliothèques de MM. les marquis
de Coislin et baron Taylor se trouvaient deux exemplaires de l'ouvrage du comte de Soyecourt, qui furent
vendus à un prix plus élevé que n'était leur prix d'origine. Dans le catalogue de M. le baron Taylor, cet
ouvrage porte le n° 2572.

L'ouvrage du comte de Soyecourt étant retiré du commerce, il n'attendait plus pour reparaître qu'un homme
de loi assez courageux et assez fidèle pour engager la
lutte avec des personnages si menaçants et si corrup-
teurs. Toutefois, cette suspension forcée n'attira point
l'oubli sur cet ouvrage : il fut demandé souvent par des
personnes capables de l'apprécier, et qui le regardent
comme remplissant le vide qui, sur un tel sujet, existe
dans notre littérature.

De toutes ces demandes, on ne mentionnera qu'une
seule, parcequ'elle est une des dernières en date, et
prouve l'intérêt qui s'attache encore à l'ouvrage ; parcequ'aussi elle émane d'un personnage compétent dans

ces questions, et qui, ne connaissant pas le comte de Soyecourt, n'a pu être excité dans sa demande que par ce qu'il a entendu dire de favorable sur l'ouvrage et sur son auteur.

« M. le comte de Givodan, directeur du collége héraldique et archéologique de France, a l'honneur de présenter à monsieur le comte de Soyecourt ses plus empressés compliments, et de le prier de vouloir bien remettre au porteur de ce billet, en échange du prix, qu'il est chargé d'acquitter, un exemplaire de son ouvrage intitulé : *Notions claires et précises sur l'ancienne noblesse de France*, ou *Réfutation des prétendus Mémoires de la marquise de Créquy*.

« M. de Givodan prie monsieur le comte de Soyecourt de recevoir, avec ses excuses de la liberté qu'il prend d'envoyer chez lui, ses remerciments et l'assurance, etc., etc.... »

C'est avec beaucoup de regret que le comte de Soyecourt se refusa de satisfaire à cette demande et à d'autres du même genre ; mais sa résolution était trop bien prise de ne plus s'exposer à des luttes ignobles, et de ne plus recommencer sa publication qu'après une action juridique quelconque. Le sentiment de sa dignité et de son devoir le maintient dans cette résolution, et il se borne à presser de tous ses moyens et de tous ses vœux un dénoûment qui semble très possible d'après nos lois écrites, mais que beaucoup de peur, d'iniquités et de ruses rendent, en réalité, si étrangement difficile à obtenir.

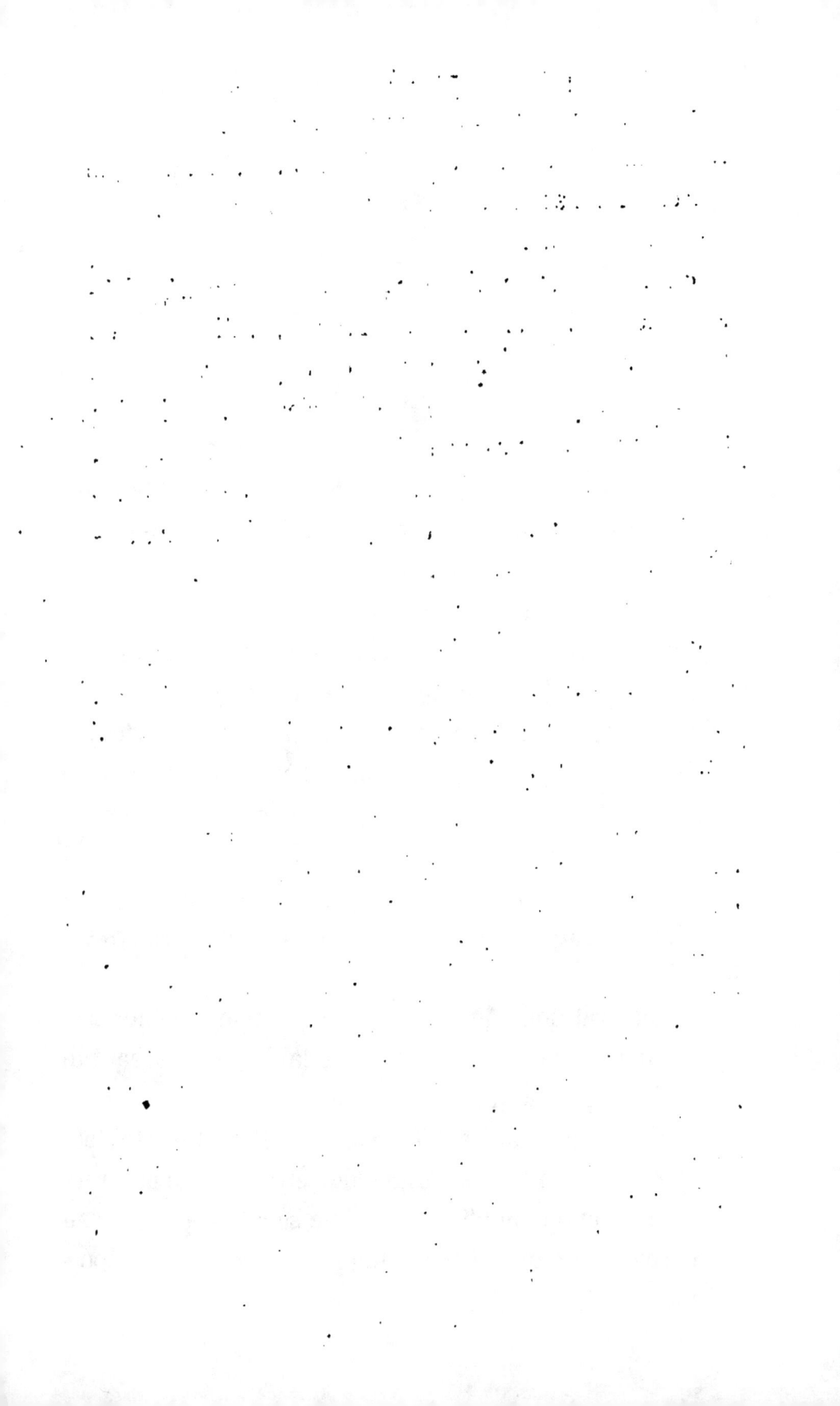

RÉSUMÉ.

La propriété littéraire étant aussi sacrée et aussi sérieuse qu'aucune propriété de ce monde, n'y a-t-il pas un délit grave à y porter atteinte, et n'y a-t-il pas des lois pour le réprimer et le punir ?

L'ouvrage du comte de Soyecourt prouvant un but utile, un travail consciencieux et un ensemble instructif et agréable, étant le résultat de précieuses traditions, de longues études et de dépenses assez fortes, le frapper de stérilité pour son auteur, n'est-ce pas un grand tort et une de ces injustices qu'il est essentiel d'empêcher ?

L'existence d'un homme peut très souvent dépendre d'un ouvrage pour lequel il aura fait les derniers sacrifices.

On croit donc que, dans une question si délicate et si importante, l'intervention de la justice ne saurait toujours être inutilement invoquée.

Elle s'appesantira enfin sur cette ligue funeste, et, protégeant un ouvrage digne de l'être, elle lui assurera un asile et une publication qui ne se refuse pas plus au dernier des almanachs qu'au plus harmonieux des poèmes et à la plus éloquente des histoires.

Les ouvrages du comte de Soyecourt jusqu'à présent imprimés sont :

1. *Poésies.* — 1839. Ces poésies comprennent : 1° la pièce sur saint Vincent de Paul ; 2° l'Ode sur la perte d'une terre chérie, et la mort d'Othon d'après Tacite.

2. *Lettre à l'Académie française sur l'abus des noms historiques.* — 1842. On peut voir sur cette lettre le feuilleton de la *Quotidienne* du 30 octobre de la même année.

3. *Notions claires et précises sur l'ancienne noblesse de France et Réfutation des prétendus Mémoires de la marquise de Crequy.* — 1846.

4. *Réflexions sur ce qui se passe*, ou Remarques historiques et littéraires. — 1851.

5. Différentes Notices et Mémoires sur plusieurs intérêts particuliers, entre autres l'acquisition du couvent des Carmes par M. Affre (1), et le Récit de tout ce qui s'est passé au grand manoir de Lihons, propriété du comte de Soyecourt, pour lui en rendre l'habitation impossible, etc.

(1) Voyez la note qui est à la fin de ce volume.

LETTRE

DU COMTE DE SOYECOURT

A MONSIEUR L'AMBASSADEUR D'ANGLETERRE

PRÈS LA COUR DE FRANCE

Monsieur l'Ambassadeur,

Permettez-moi de recommander à votre attention quelques uns des faits sur lesquels il m'importe beaucoup d'obtenir les renseignements que Votre Excellence seule pourra me faire obtenir.

J'ai publié, en 1846, un ouvrage sur l'ancienne noblesse de France, lequel réfutait en même temps les prétendus *Mémoires de la marquise de Crequy*.

Accueilli de la manière la plus flatteuse, et malgré son utilité incontestable, mon ouvrage n'en fut pas moins bientôt l'objet d'une persécution occulte qui l'arrêta dans son cours, et qui usa de moyens si perfides, qu'ils doivent être à jamais la honte de ceux qui s'abaissèrent à les employer.

Je n'entretiendrai pas Votre Excellence de l'insuffisance de nos meilleures lois, alors que des personnages, mêmes secondaires, effrayés ou corrompus, veulent les entraver dans leur application, et retarder ainsi le succès de la plus juste des causes.

Je n'entretiendrai pas Votre Excellence de quelques autres persécutions qu'une spoliation de vingt-deux millions fait exercer par ceux qu'une restitution inquiète et menace sans cesse.

Mais ce dont j'aurai l'honneur d'entretenir Votre Excellence, c'est d'un fait où plusieurs citoyens anglais se trouvent mêlés, et, jusqu'à un certain point, compromis, et où, conséquemment, les informations et l'arbitrage de Votre Excellence peuvent éclaircir la conduite de chacun et ne plus permettre d'attribuer des torts à ceux auxquels il serait peut-être possible de s'en justifier.

Deux ballots des exemplaires de mon ouvrage ont été envoyés, l'un à l'université d'Oxford, l'autre à une librairie importante de la ville de Londres.

Ces envois, comme on le présumera, ne durent avoir lieu qu'après une sorte de garantie que la lecture d'un tel ouvrage était vivement désirée en Angleterre, et qu'il serait considéré comme fort utile en un pays où manquent à peu près les notions exactes sur ce qui est le sujet de mon livre.

N'ayant reçu aucune nouvelle de ces envois, et aussi tristement expérimenté que je le suis déjà, n'ai-je pas dû les croire sous la même influence qui fit manquer à leur devoir les trois libraires parisiens, et qui aurait entraîné les libraires anglais dans un pareil oubli, dans un procédé offensant et si désastreux pour moi?

Qu'il plaise donc à Votre Excellence d'inviter les

personnages désignés à donner une réponse à chacune des trois questions qui suivent :

1° Les exemplaires sont-ils encore dans les mêmes mains auxquelles ils furent d'abord remis ?

2° La publication en a-t-elle été effectuée, comme on s'était engagé à le faire ?

3° Si cette publication n'a pas eu lieu, à quoi faut-il en attribuer la cause ? Pourquoi, sans renvoi, sans avertissement et sans prétexte, a-t-on manqué à un mandat que l'on avait positivement accepté ?

Votre Excellence voudra bien comprendre que la remise seule des exemplaires ne serait qu'une solution trop incomplète pour arrêter mes sollicitations et mes recherches. Il faut une réponse précise aux questions précédemment posées, pour diriger ma conduite, éclairer les honnêtes gens dans ce qui les intéresse et dans ce qui intéresse également l'honneur de plusieurs citoyens anglais.

Si j'ai cru à l'intervention de Votre Excellence dans les devoirs de sa charge, c'est surtout à sa courtoisie et à son obligeance que je me plais à m'adresser en une circonstance où, comme aide et protection, je ne saurais jamais trop lui en témoigner ma gratitude.

J'ai l'honneur d'être avec une haute considération,

Monsieur l'Ambassadeur,

Votre très humble et très obéissant serviteur,

Comte DE SOYECOURT.

Rue Jean-Goujon, n° 9.

20 septembre 1853.

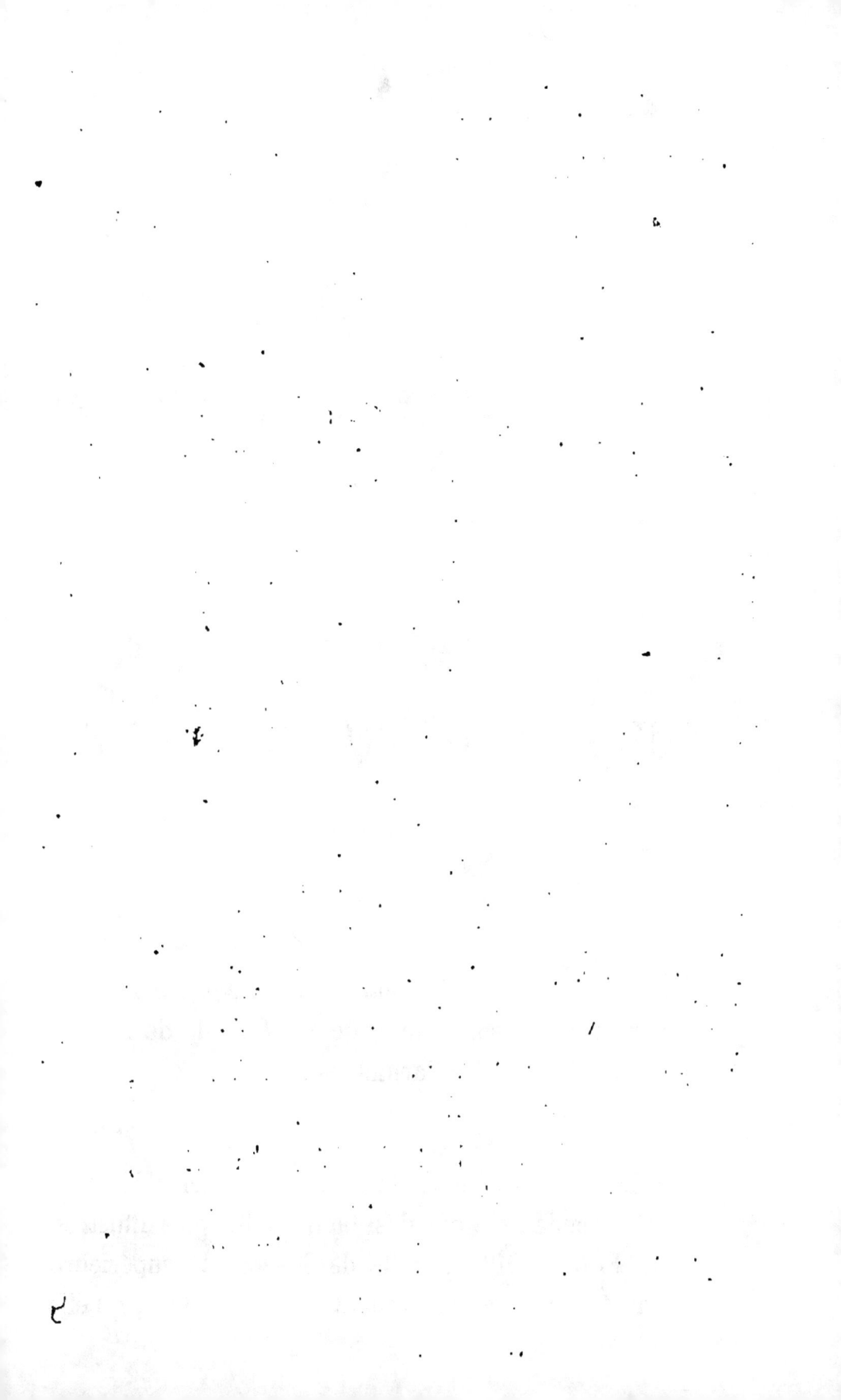

NOTE POUR LA PAGE 260.

QUELQUES MOTS

SUR LE COUVENT DES CARMES

Le 13 mai 1849, le *Journal des Débats* contenait l'article suivant sur la mort de Mme Camille de Soyecourt, supérieure des Carmélites :

« La religion vient de faire une perte sensible dans
« la descendante d'une des familles les plus illustres
« de France, Mme Camille de Soyecourt, supérieure
« fond atrice de la communauté des Carmélites, qu'elle

« avait instituée sur le couvent des anciens Carmes.

« *Donatrice* de l'église de ce nom et de ses dépendan-
« ces, ce n'est pas le seul titre qu'elle ait à la recon-
« naissance du clergé, des pauvres, et des divers éta-
« blissements qu'elle a fondés. Elle fut, durant sa lon-
« gue carrière, la mère, l'appui de tout ce qui dans le
« monde chrétien et religieux avait besoin de ses lu-
« mières, de son concours actif et généreux. Eclairée
« sur les choses d'ici-bas, comme une personne dont
« l'esprit est aussi élevé que le cœur, son nom et sa
« profession de fille zélée de Sainte-Thérèse se sont
« trouvés en cause, et ont exercé une puissante in-
« fluence, durant les époques que nous venons de par-
« courir sur les intérêts généraux et particuliers de la
« chrétienté. Tout entière à la vie claustrale, qu'elle
« pratiquait dans sa plus rigoureuse austérité, elle
« vient de s'éteindre entre les bras de ses saintes filles,
« dont elle était l'édification et le bonheur.

« Sa famille déplore amèrement sa perte, et la reli-
« gion ne se consolera pas de voir lui échapper le sou-
« tien que les temps de la lutte la plus difficile n'avaient
« jamais découragé. »

Cet article remarquable contient cependant plusieurs
erreurs, qu'il importe au comte de Soyecourt de rectifier.

Mme Camille de Soyecourt ne fut pas *donatrice* du
couvent des Carmes, mais elle le vendit à M. Affre,
croyant le vendre au diocèse, et réduisit apparem

ment pour cette raison à 600,000 fr. le prix de cet immeuble, estimé alors 6,000,000 fr. Les riches constructions de ce couvent, mais surtout son immense étendue, motivent cette estimation.

L'acte de vente fut passé devant M⁰ Chapellier, notaire, en septembre 1841. La minute de cet acte est entre les mains du comte de Soyecourt.

Quand Mme Camille de Soyecourt fut amenée à cette largesse envers le diocèse, elle était âgée de 84 ans; et, selon toutes les probabilités, elle avait dû déjà disposer de son couvent (les gens du monde même n'attendent pas un si grand âge) en faveur de quelqu'un, et celui-là, que de raisons pour qu'il soit celui qui écrit ces lignes, et pour qui cette donation n'eût été que la conséquence bien simple des paroles affectueuses que Mme Camille de Soyecourt lui adressait alors !

Quand Mme Camille de Soyecourt le plaignait des pertes cruelles qu'il avait eues à subir; quand elle déplorait l'inutilité de ses réclamations; quand elle acceptait un rôle actif dans le sens favorable à son droit, qu'elle reconnaissait pleinement ainsi, car plus la démarche semblait pénible pour elle, plus elle y donnait d'autorité, et quand elle regrettait de n'avoir pas d'autres consolations à donner, ne semblait-il pas certain que la seule qui restait en son pouvoir viendrait attester la sincérité de ses paroles, et que dans ce but elle s'en était réservé la libre disposition, MM. de Périgord et de Quélen, deux prélats selon son cœur, n'ayant jusque là rien obtenu pour le diocèse ?

On trouverait en grande partie la preuve de ces assertions dans une des dernières lettres que Mme Camille
de Soyecourt écrivit au comte de Soyecourt :

« Quand il serait vrai, comme vous le croyez, mon
« cher neveu, que je puisse vous être utile auprès des
« d'H.... l'un est en Angleterre (l'autre je ne sais où),
« ce ne serait pas le moment.

« Mais je voudrais que vous soyez persuadé, par
« les raisons que je vous ai données, que je ne puis
« pas du tout me mêler de cette affaire, ni espé-
« rer qu'elle réussisse, et combien j'ai de regret de
« n'avoir pas d'autres consolations à vous donner !
« Mais je ferai toujours des vœux, mon cher neveu,
« pour votre bonheur en ce monde et en l'autre.

« CAMILLE. »

La démarche de Mme Camille de Soyecourt près des
d'H..... était pénible pour elle, qui en doute ? Mais si
le comte de Soyecourt *n'est pas persuadé qu'elle peut
s'en dispenser, elle n'en aura pas moins lieu* ; et alors
qui ne verrait ici la présence d'un droit d'une étrange
force, puisqu'une supérieure des Carmélites s'y sou-
met, quand il lui serait si facile de le rejeter, puisqu'il
la gêne ? La religion ordonne donc à Mme Camille ce que
le comte de Soyecourt lui demande.

Pour revenir au couvent des Carmes, lorsque le
comte de Soyecourt en apprit la vente, et un résultat

si différent de celui qui était prédit, il protesta, il proteste encore, il protestera toujours.

Et Mme Camille de Soyecourt, elle-même, n'a-t-elle pas eu fortement à se plaindre ensuite de ceux auxquels le comte de Soyecourt fut toujours si impitoyablement sacrifié ?...

Quand un événement historique de quelque importance s'accomplit, heureux alors qu'une plume équitable s'en empare et constate son ensemble, ses résultats et ses détails ! car, si on tardait quelque temps, on ne se ferait que difficilement l'idée de tout ce que cet événement aurait à subir de changements et de transformations, pour lui ôter ce qui gêne et lui donner ce qui convient.

Nul ne saurait nier la haute importance de Mme Camille de Soyecourt dans le monde chrétien pendant cinquante ans : Rome et Paris en conservent la trace. Tout ce qui se rattache à ses dernières années et à ce couvent des Carmes, si intimement lié à son souvenir, aura donc droit à l'intérêt, non seulement comme fait particulier, mais comme fait général de la plus haute portée.

L'acte de vente du couvent des Carmes renseigne beaucoup à ce sujet. Personne n'en a connaissance. Le comte de Soyecourt, qui le connaît, hélas ! et le possède, a toutes les raisons possibles de le faire connaître, et c'est ce qu'il va faire, dans ses parties principales.

De la lecture de cet acte de vente résultent trois faits graves :

1° L'étendue immense du couvent des Carmes, qui en fait si bien comprendre la valeur, n'est pas mentionnée dans l'acte, et l'on sait pourtant que pour les plus petites propriétés l'étendue n'est jamais omise.

2° M. Affre s'oblige, par l'acte de vente, à demander l'autorisation nécessaire pour acquérir au nom du diocèse ; et pendant sept ans que vit encore M. Affre cette autorisation n'est pas demandée, et alors il reste propriétaire du couvent des Carmes et ses héritiers le sont après lui. C'est le seul acte peut-être qui existe où, lorsqu'on manque à l'une des clauses, on en est récompensé, et non puni. Les quêtes prélevées sur les fidèles pour doter le diocèse du couvent des Carmes auraient donc été détournées de leur but par cet oubli de M. Affre, et l'on aurait été fondé d'en poursuivre, comme le comte de Bouzet, qui les évalue à deux millions, l'a fait, la restitution au profit des pauvres.

3° Toujours par l'acte de vente, M. Affre ne doit prendre possession du couvent des Carmes qu'un an après la mort de Mme Camille de Soyecourt ; et voilà cependant qu'en 1845 M. Affre prend possession de ce couvent, Mme Camille de Soyecourt étant âgée de 88 ans, et ayant encore quatre ans à vivre, séparée de ce couvent, où elle avait si bien exprimé qu'elle voulait mourir, et hors duquel le monde chrétien qui lui apporte ses hommages pourra à peine la reconnaître !

Séparer Mme Camille de Soyecourt du couvent des Carmes, qu'elle avait fondé, embelli, et dont son père n'était sorti que pour marcher à l'échafaud, semblait chose impossible, et n'en fut pas moins exécutée, au grand contentement du journal l'*Univers*, qui célèbre ce déplacement comme une victoire.

C'est à ce dernier événement, que le comte de Soyecourt dut croire si affligeant pour la vieillesse de Mme
Camille, qu'il ne put s'empêcher aussi de rattacher la
lettre qu'il reçut alors au nom de Mme Camille, lettre
presque sans motif et sans but, d'autant que depuis
plusieurs années, et pour le motif grave que l'on connaît, il s'était éloigné de M^{mr} Camille.

La lettre que Mme Camille de Soyecourt fit écrire
au comte de Soyecourt peut donc sembler comme un
prétexte quelconque de le rapprocher d'elle, pour lui
donner ou recevoir des consolations, des conseils et
des secours, que cette année si pénible de 1845 rendait
si utiles pour chacun d'eux.

Voici cette lettre, insignifiante en apparence, mais
très significative pour le comte de Soyecourt, et dont
il rend ses lecteurs juges :

22 septembre 1845.

« Monsieur le comte,

« Madame de Soyecourt m'a dit que vous aviez en
votre possession un livret relatif à la généalogie de la
famille de Soyecourt. Elle aurait besoin en ce moment
de le consulter: je vous serais bien reconnaissant de

vouloir me le communiquer pour y prendre les renseignements qu'elle espère y trouver.

« J'ai l'honneur d'être bien respectueusement,

« Monsieur le comte,

« Votre très humble et très obéissant serviteur,

« LIBERSAT aîné,

« Chargé des affaires de madame de Soyecourt,
rue de Vaugirard, 67. »

En connaissant la triste situation d'alors des personnes et le long silence qui existait entre elles pour des
causes si graves, on ne pourra s'arrêter au motif si peu
important de cette lettre, et se refuser au sens caché
que le comte de Soyecourt n'a pu s'empêcher d'y voir.

FIN.

www.ingramcontent.com/pod-product-compliance
Lightning Source LLC
Chambersburg PA
CBHW070804270326
41927CB00010B/2289